LES
RUDIMENS
DE LA
LANGUE LATINE

PAR F. BISTAC,

Rédigés & mis dans un nouvel ordre, à l'usage du College de l'Oratoire d'Autun.

PRIX, 15 fols, pris à Autun.

A AUTUN,

Chez P. PH. DEJUSSIEU, Imprimeur de Mgr. l'Évêque & du College.

A BEAUNE, chez BERNARD, Libraire.

M. DCC. LXXXVII.

AVERTISSEMENT.

L'*Ancien Rudiment de F.* BISTAC *n'étoit ni assez méthodique ni assez précis. Pour lui donner la clarté nécessaire, il a fallu y faire de grands changemens. Voici les plus essentiels & les raisons qui ont engagé à les adopter.*

Dans les Déclinaisons on a réuni en une même ligne les cas semblables entre eux. Les enfans s'accoutument par ce moyen, à voir sur le champ qu'un même mot peut être employé sous différens rapports, & à se demander en traduisant, auquel ils doivent s'arrêter. Cette méthode est usitée pour le datif & l'ablatif dans les grammaires grecques.

C'est pour la même raison qu'on n'a point conjugué tout au long dans les verbes le parfait du subjonctif. A l'exception de la premiere personne, il est en tout semblable au futur passé.

Les enfans ont besoin de revoir fréquemment les mêmes objets & les mêmes pages. C'est pourquoi nous renvoyons souvent aux articles déjà vus. Beaucoup de temps passifs sont composés des

temps de ſum ; *nous renvoyons alors à ce verbe:*
les déponens ſe conjuguent preſque en tout comme
les paſſifs ; nous ne mettons que ce qui eſt par-
ticulier aux déponens , & pour le reſte nous ren-
voyons au paſſif des conjugaiſons dont ils dé-
pendent. Quand les enfans trouveront dans un
Auteur une terminaiſon paſſive , ils verront bien
plus aiſément , qu'elle peut annoncer un verbe
paſſif ou un verbe déponent.

Les Latins ne ſe ſervant que d'un auxiliaire,
on ne met point ici le verbe haḅere qui n'a rien
de difficile dans ſa conjugaiſon. Il faudroit même
l'éloigner de la connoiſſance des enfans, juſqu'à
ce qu'ils fuſſent bien familiariſés avec le latin.
Car ils ſont toujours portés à mettre j'ai aimé,
habeo amatum, ſuivant l'analogie de notre
langue.

Il n'eſt point queſtion de verbes imperſonnels
paſſifs. C'eût été donner aux enfans des idées
fauſſes. Amatur , dicitur , ne ſont point imperſonnels. C'eſt à l'ordinaire une troiſième perſonne
du paſſif, dont le nominatif negotium eſt ſous-
entendu. *V. p. 97.*

Lorſque dans une explication, les verbes neutres ſe préſenteront avec la terminaiſon paſſive,

si ces verbes gouvernent le datif, on suivra le principe énoncé p. 78. *Ainsi*, favetur *signifiera* favor datur. *Si ces verbes ne gouvernent point de cas, les maîtres accoutumeront les enfans à leur donner pour nominatif le nom verbal même. Ainsi à* itur, *on sous-entendra* iter, *& notre expression* aller son chemin *pourra les aider à comprendre ces deux mots ; ou bien ils leur feront considérer ces passifs comme un composé du nom verbal & du verbe* être. itur. *c. à d.* Iter est. Vivitur. *c. à d.* Vita est.

On a donné des règles pour trouver les nominatifs de la troisième déclinaison par le génitif, & la première personne des verbes par leur parfait & leur supin. Comment en effet des enfans peuvent-ils deviner que aucupis *vient d'*auceps, tetigi *de* tango? *&c. Ces regles sont une sorte de petit dictionnaire à consulter. A cause de la bizarrerie des langues, il eût été impossible d'y ramener tous les mots, mais du moins le plus grand nombre y est contenu.*

Dans la Syntaxe, on s'est contenté d'étendre le plan de M. WANDELAINCOURT; *on y a joint toutes les fois que l'occasion s'en est présentée, des règles de François. Elle sera également utile* pour les verfions & pour les thêmes. En fuivant les méthodes ordinaires, on apprend bien aux enfans à rendre machinalement une phrafe française par une phrafe latine, mais on ne leur montre pas le rapport qui exifte entre les deux idiomes : Le plus fouvent ils feroient incapables de traduire littéralement le latin qu'ils écrivent.

Les quefions de temps & de lieu ont été fupprimées. Toutes ces regles découlent naturellement de la définition des cas, & n'occafionnent aucune difficulté.

Un Rudiment ne doit indiquer que les tournures vraiment néceffaires pour traduire. Cependant combien de préceptes ne trouve-t-on pas dans les livres élémentaires, qui ne concernent que l'élégance & qui font pour ainfi dire de luxe? comme opus eft mihi liber &c. Hoc me fugit &c. Hoc erit tibi dolori &c. qui fe rendent plus fimplement par egeo libro, hoc ignoro, hoc afferet tibi dolorem. On n'a point voulu furcharger la mémoire des enfans de toutes ces phrafes inutiles. Ils les apprendront fans peine par la lecture.

On s'eft bien gardé de préfenter pour regles des phrafes contredites par l'autorité des bons Auteurs, c'eft pourquoi on n'a donné Urbs

Roma *que comme un usage assez ordinaire. On n'a pas suivi pour* son, sa, ses *la marche des autres rudimens. On n'a point fait une regle de* celo te hanc rem, interdico tibi domo meâ *, *phrases si différentes du Français. Pour-quoi donner à des enfans des entraves que les bons Auteurs ne connoissoient pas? Quand ces phrases se rencontreront dans la traduction, les Maîtres pourront expliquer la premiere par la regle* doceo pueros grammaticam, v. p. 79, & la *seconde par les mots de privation &c. p. 83.*

Tous ces retranchemens, pour la plupart néces-saires, ont réduit ce Rudiment à un petit volume, qui n'est effrayant ni pour les écoliers ni pour les Maîtres. Dans la suite les particules de Biftac seront rédigées sur le même plan.

Les Maîtres sont priés d'insister particuliere-ment sur les définitions, & sur-tout sur celles des cas dans la syntaxe, quoiqu'on ait tâché de les rendre très claires. C'est de là que dépendront les progrès des enfans. Aussi ne faut-il jamais les laisser passer à un article, à moins qu'ils ne comprennent parfaitement celui qui précéde.

Il seroit bon de ne dicter des thêmes qu'après

---

* Voyez la Methode de Port-Royal.

avoir fait apprendre toute la syntaxe. En atten-
dant on s'occuperoit à de petites traductions.
Quelques versions, quelques explications, lorfqu'on y appliquera avec soin les principes de ce
Rudiment, accoutumeront au latin bien plus que
tous les thêmes.

Nota. On trouvera à la fin de cet ouvrage une Table
par ordre alphabétique.

NOTIONS PRÉLIMINAIRES.

D. *Qu'est-ce que la Grammaire ?*

R. C'est l'art de parler & d'écrire correctement.

D. *Combien a-t-elle de parties ?*

R. Quatre : la lettre, la syllabe, le mot & le discours.

D. *De quoi est composé le discours ?*

R. Le discours est composé de mots unis ensemble. Comme, *le pere est présent.* Les mots font composés de syllabes, & les syllabes de lettres.

D. *Combien y a-t-il de sortes de mots pour former le discours ?*

R. Il y en a neuf, qu'on appelle à cause de cela, les parties du discours; savoir, l'ARTICLE, le NOM, le PRONOM, le VERBE, le PARTICIPE, l'ADVERBE, la PRÉPOSITION, la CONJONCTION & l'INTERJECTION. L'article est le mot *la* ou *le* qu'on met devant les noms. Il n'y en a point en latin.

DES NOMS.

D. *Qu'est-ce que le nom ?*

R. C'est un mot dont on se sert pour nommer ou qualifier une personne ou une chose.

D. *Il y a donc deux sortes de noms ?*

R. Oui, il y en a deux : le NOM SUBSTANTIF & le NOM ADJECTIF. Le Substantif est ce-

A

lui qui nomme une personne ou une chose, l'Adjectif est celui qui marque la qualité d'une personne ou d'une chose.

D. Comment distingue-t-on un Substantif d'un Adjectif ?

R. Un adjectif seul ne forme point de sens. Il faut y ajouter le mot *chose*, ou le mot *personne* ; mais cela n'est pas nécessaire pour un substantif. On voit aisément que *pere* est une personne, *table* est une chose. *Sage*, *utile*, ne se comprendroient pas, si on ne disoit *personne sage*, *chose utile*.

D. Les Noms sont-ils invariables ?

R. Les Noms changent ordinairement leur terminaison, c'est-à-dire, leur dernière syllabe ou leur dernière lettre, en changeant de nombre & de genre. Les noms latins ont outre cela des cas.

D. Combien y a-t-il de Nombre ?

R. Deux, le SINGULIER & le PLURIEL. Le Singulier désigne une seule chose, le Pluriel en désigne plus d'une, le *pere*, les *peres*, l'*ayeul*, les *ayeux*.

D. Combien y a-t-il de genres ?

R. le Français en a deux : le MASCULIN & le FÉMININ. Les Latins en ont un troisième qu'ils appellent le NEUTRE. *Les dictionnaires mettent après chaque nom la lettre initiale de son genre.* Les adjectifs ont tous les genres de leur langue. Les substantifs n'en ont qu'un, ou tout au plus deux. En français les noms substantifs masculins sont précédés du mot *le*, & les féminins du mot *la*. Le parent, *la* parente.

D. *Combien les Noms latins ont-ils de cas?*

R. Ils en ont six : le *Nominatif*, le *Génitif*, le *Datif*, l'*Accusatif*, le *Vocatif* & l'*Ablatif*. Les terminaisons propres à chaque nombre, à chaque genre & à chaque cas, sont différentes, selon les différentes déclinaisons.

D. *Qu'est-ce que décliner?*

R. C'est réciter un nom avec tous ses cas.

D. *Combien y a-t-il de Déclinaisons?*

R. Il y en a cinq qui se connoissent par la terminaison du génitif singulier & pluriel.

DÉCLINAISONS DES NOMS.
PREMIERE DÉCLINAISON.

ELLE comprend les noms masculins & féminis terminés en a, as, es *qui ont le génitif singulier en* æ, *& les noms féminins terminés en* e, *qui ont le génitif singulier en* es : *le génitif pluriel est toujours en* arum.

Exemple des Noms en a.

SING. Nom. Musa, F. *La Muse.*
Gén. Mus-æ, *de la Muse.*
Dat. Mus-æ, *à la Muse.*
Acc. Mus-am, *la Muse.*
Voc. Mus-a, *Muse.*
Abl. Mus-â, *de la Muse.*

PLUR. Nom. Mus-æ, *les Muses.*
Gén. Mus-arum, *des * Muses.*
Dat. Mus-is, *aux ** Muses.*
Acc. Mus-as, *les Muses.*
Voc. Mus-æ, *Muses.*
Abl. Mus-is, *des Muses.*

* *Des se met pour de les qui ne se dit point.*

** *Aux est pour à les qui ne se dit point.*

A 2

4 LES RUDIMENS

EXCEPTION. Quelques mots ont leur Datif & Ablatif pluriel en *is* & en *abus*, comme *anima*, âme.

D'autres font seulement *abus*, comme *duæ*, deux, *ambæ*, toutes deux.

Dans toutes les Déclinaifons au pluriel, le Vocatif eft comme le Nominatif. L'Ablatif eft comme le Datif. Au fingulier la même chofe arrive quelquefois, ainfi qu'on peut le voir dans *Mufa*, pour le Nominatif & le Vocatif.

Exemple des Noms en as.

SING. *Nom.* Phari-as, M. *le ferpent.*
 Gén. Phari-æ, *du * Serpent.*   * Pour *de le.*
 Dat. Phari-æ, *au ** Serpent.*   ** Pour *à le.*
 Acc. Phari-am *ou* PHARI-AN, *le Serpent.*
 Voc. PHARI-A, *Serpent.*
 Abl. Phari-â, *du Serpent.*

Le Pluriel comme Mufæ.

Exemple des Noms en es.

SING. *Nom.* Comet-es, M. *la Comète.*
 Gén. Comet-æ, *de la Comète.*
 Dat. Comet-æ, *à la Comète.*
 Acc. COMET-EN, *la Comète.*
 Voc. COMET-E, *Comète.*
 Abl. COMET-E, *de la Comète.*

Le Pluriel comme Mufæ.

Exemple des Noms en e.

SING. *Nom.* & *Voc.* Grammatic-e, F. *La Grammaire, Grammaire.*
 Gén. GRAMMATIC-ES, *de la Grammaire.*
 Dat. & *Abl.* GRAMMATIC-E, *à la Grammaire, de la Grammaire.*
 Acc. GRAMMATIC-EN, *la Grammaire.*

Le Pluriel comme Mufæ.

Ces trois derniers Noms font pris de la langue Grecque, c'eft pourquoi ils ne fe déclinent pas fur *Mufa*.

SECONDE DÉCLINAISON.

ELLE comprend les Noms Masculins, Féminins & Neutres, terminés en ur, er, ir, us, eus *& um, qui ont le Génitif singulier en* i *& le génitif pluriel en* orum.

Exemple des Noms en er.

SING. Nom. & *Voc.* Magist-er, M. *le Maître, Maître.*
Gén.   Magist-ri, *du Maître.*
Dat. & Abl. Magist-ro, *au Maître, du Maître.*
Acc.   Magist-rum, *le Maître.*

PLUR. Nom. & *Voc.* Magist-ri, *les Maîtres, Maîtres.*
Gén.   Magist-rorum, *des Maîtres.*
Dat. & Abl. Magist-ris, *aux Maîtres, les Maîtres.*
Acc.   Magist-ros, *les Maîtres.*
Vir, *l'Homme*, génitif Viri, *se décline sur* Magister.

Exemple des Noms en us.

SING. Nom.   Domin-us, M. *le Seigneur.*
Gén.   Domin-i, *du Seigneur.*
Dat. & Abl. Domin-o, *au Seigneur, du Seigneur.*
Acc.   Domin-um, *le Seigneur.*
Voc.   Domin-e, *Seigneur.*

PLUR. Nom. & *Voc.* Domin-i, *les Seigneurs, Seigneurs.*
Gén.   Domin-orum, *des Seigneurs.*
Dat. & Abl. Domin-is, *aux Seign., des Seign.*
Acc.   Domin-os, *les Seigneurs.*

EXCEPTION. Deus, *Dieu*, a le Vocatif semblable au Nominatif. Ordinairement au pluriel il a pour Nominatif & pour Vocat. Dii; pour Datif & Ablatif, Diis.

Meus, *le Mien*, Genius, *le Génie*, Filius, *le Fils*, & tous les noms propres en *ius*, font *i* au Vocatif; Mi, Geni. Fili.

Exemple des Noms en eus.

Les Noms en eus *diphtongue, étant des Noms*

*propres Grecs, ne fuivent pas toujours les regles
de la feconde Déclinaifon.*

Nom. Orph-eus, M. *Orphée.*
Gén. Orphe-i, ORPHE-OS, *d'Orphée.*
Dat. Orphe-o, ORPHE-I, *à Orphée.*
Acc. Orphe-um, ORPHEON, ORPHEA, *Orphée.*
Voc. ORPHE-U, *Orphée.*
Abl. Orphe-o, *d'Orphée.*

Exemple des Noms en um.

SING. *Nom. Acc. & Voc.* Templ-um, N. *le Temple,
Temple.*

Gén. Templ-i, *du Temple.*
Dat. & Abl. Templ-o, *au Temple, du Temp.*
PLUR. *Nom. Acc. & Voc.* Templ-a, *les Temples, Temp.*
Gén. Templ-orum, *des Temples.*
Dat. & Abl. Templ-is, *aux Temples, des
Temples.*

ADJECTIFS.

Les Adjectifs en us*, er & ur, fuivent la feconde Déclinaifon, au mafculin & au neutre, &
la première au féminin.*

Exemple

Sur Dominus, Mufa, Templum.

SING. *Nom.* Bon-us, M. bon-a, F. bon-um, N. *le bon, la bonne.*
Gén. Bon-i, bon-æ, bon-i, *du bon, de la bonne.*
Dat. Bon-o, bon-æ, bon-o, *au bon, à la bonne.*
Acc. Bon-um, am, um, *le bon, la bonne.*
Voc. Bon-e, bon-a, bon-um, *bon, bonne.*
Abl. Bon-o, bon-â, bon-o, *du bon, de la bonne.*
PLUR. *Nom. & Voc.* Bon-i, bon-æ, bon-a, *les bons, les
bonnes, bons, bonnes.*
Gén. Bon-orum, arum, orum, *des b. des b.*
Dat. & Abl. Bon-is, bon-is, bon-is, *aux bons,
aux bonnes, des bons, des bonnes.*
Acc. Bon-os, bon-as, bon-a, *les bons, les
bonnes.*

Satur, *raffafié*, *tener*, *tendre*, fe déclinent au mafculin, fur *Magifter*.

Tous les Noms, tant Subftantifs qu'Adjectifs, ont trois cas femblables, le Nominatif,
l'Acc. & le Voc. & ces trois cas font toujours
terminés en *a* au pluriel, tant à la feconde
qu'à la troifième & quatrième déclinaifon.

TROISIEME DÉCLINAISON.

ELLE *comprend des Noms de toute forte de
terminaifons & de tout genre qui ont le gén.
en is. De ce génitif fe forment tous les cas,
excepté le Nominatif & le Vocatif qui font femblables. Le génitif pluriel eft en* um.

Exemple.

SING. *Nom. & Voc.* Pater, M. le Pere, Pere.
   Gen.   Patr-is, *du Pere.*
   Dat.   Patr-i, *au Pere.*
   Acc.   Patr-em, *le Pere.*
   Abl.   Patr-e, *du Pere.*

PLUR. *Nom. Acc. & Voc.* Patr-es, *les Peres*, Peres.
   Gén.   Patr-um, *des Peres.*
   Dat. & Abl.   Patr-ibus, *aux Peres, des Peres.*

Quelques Noms en *is*, terminent leur Acc. en *em* ou *im* également.

Aqualis, M. Aiguière.		*Clavis*, F. Clef.
Febris, F. Fievre.		*Navis*, F. Vaiffeau.
Puppis, F. Poupe.		*Reftis*, F. Corde.
Sementis, F. Semaille.		*Turris*, F. Tour.

D'autres ont feulement l'Accufatif en *im*.

Amuffis, F. Cordeau.		*Buris*, F. Manche de charrue.
Decuffis, M. Pièce de dix fols.		*Pelvis*, F. Baffin.
Ravis, F. Enrouement.		*Securis*, F. Hâche.
Sitis, F. Soif.		*Vis*, F. Force.

Avec quelques Noms de fleuve & quelques mots Grecs d'origine.

Noms tirés du Grec.

SING. *Nom. & Voc.* Hæref-is, F. *L'héréfie*, héréfie

A 4

Gén.   Hæref-is, ʜᴀʀᴇsᴇos, *de l'héréſie.*

Dat. & *Abl.* Hæref-i , *à l'héréſie.*

Acc.   Hæref-im , ʜᴀʀᴇsɪɴ, *l'héréſie.*

Le Pluriel comme *Patres* , à l'exception du génitif qui eſt *Hæreſ-eon.*

Quelques Noms tirés du Grec, ont l'Accuf. fingulier en *em* & en *a*, *Heroem, heroa* ; & l'Accuſatif pluriel en *es* ou *as*, *Heroes, heroas.*

L'Ablatif ſe forme de l'Accuſatif, dont on ſupprime *m*. Ainſi l'Accuſ. en *im* , donne un Ablat. en *i* , & alors le Génit. pluriel eſt toujours en *ium.*

Les noms en *ns* comme *Infans, l'Enfant*, ceux en *es* ou en *is* qui n'ont pas plus de ſyllabes au génitif qu'au nominatif, comme *Vulpes*, le Renard, *Hoſtis* , l'Ennemi, ont le génitif pluriel en *ium*, quoiqu'ils aient l'ablatif fingulier en *e*.

Il en eſt de même de beaucoup de mots qui n'ont qu'une ſyllabe au nominatif, comme *Merx , Marchandiſe.*

Noms Neutres.

La troiſième déclinaiſon a deux ſortes de noms neutres , ceux qui ayant l'ablatif ſingulier en i *& le nominatif pluriel en* ia *ont au génitif pluriel* ium *, & ceux qui ayant l'ablatif en* e *, & le nominatif pluriel en* a *, ont au génitif pluriel* um.

Exemple des noms qui ont l'ablatif en i *& le nominatif pluriel en* ia.

Sɪɴɢ. *Nom. Acc.* & *Voc.* Cubile , ɴ. *le lit , lit.*

     Gen.   Cubil-is , *du lit.*

     Dat. & *Abl.*   Cubil-i , *au lit, du lit.*

Pʟᴜʀ. *Nom. Acc.* & *Voc.* Cubil-ia , *les lits , lits.*

     Gén.   Cubil-ium, *des lits.*

     Dat. & *Abl.*   Cubil-ibus, *aux lits, des lits.*

La plupart des Noms neutres terminés en *al*, *ar* ou *e* ſe déclinent ainſi.

Les autres ſuivent l'exemple ci-deſſous.

Sɪɴɢ. *Nom. Acc.* & *Voc.* Nomen , ɴ. *le nom, nom.*

Gén.	Nomin-is , *du nom.*
Dat.	Nomin-i , *au nom.*
Abl.	Nomin-e , *du nom.*

PLUR. *Nom. Acc. & Voc.* Nomin-a , *les noms, noms.*
Gén. Nomin-um , *des noms.*
Dat. & Abl. Nomini-bus , *aux noms, des noms.*

ADJECTIFS.

Les Adjectifs de la troisième déclinaison or-dinairement n'ont dans chacun de leurs cas qu'une ou deux terminaisons pour les trois genres. Ils ont l'Ablatif singulier en e *ou en* i *indifféremment, excepté ceux dont le Nominatif finit par* er *ou* is *, qui ne prennent qu'*i *à l'Ablatif.*

Ainsi par la regle générale, ils ont au pluriel ium *pour le Génitif, &* ia *pour le Nominatif neutre.*

Excepté les Comparatifs qui ayant *ri* à l'Ablatif singulier ont tou-jours *rum* & *ra* au pluriel; & quelques autres adjectifs en petit nom-bre, tels que ceux terminés en *ex , es , ps.*

Exemple.

SING. *Nom. & Voc.* Felix , M. F. N. *l'heureux , l'heureuse, heureux, heureuse.*
Gén. Felic-is , M. F. N. *de l'heureux.*
Dat. Felic-i , M. F. N. *à l'heureux.*
Acc. Felic-em , M. F. Felix , N. *l'heureux.*
Abl. Felic-e, Felic-i , M. F. N. *de l'heureux.*

PLUR. *Nom. Acc. & Voc.* Felic-es , M. F. Felic-ia , N. *les heureux, les heureuses , heureux, heureuses.*
Gén. Felic-ium , M. F. N. *des heureux.*
Dat. & Abl. Felic-ibus , M. F. N. *aux heureux, des heureux.*

Autre exemple.

SING. *Nom. & Voc.* Fortis , M. F. Forte , N. *le fort, la forte, fort , forte.*
Gén. Fort-is , M. F. N. *du fort.*
Dat. & Abl. Fort-i , M. F. N. *au fort, du fort.*
Acc. Fort-em , M. F. Fort-e , N. *le fort.*

PLUR. *Nom.* & *Voc.* Fort-es, M. F. Fort-ia, N. *les forts ;*
les fortes. forts , fortes.

Gén. Fort-ium , M. F. N. *des forts.*

Dat. & *Abl.* Fort-ibus M. F. N. *aux forts , des*
fortes.

Acc. Fort-es , M. F. Fort-ia, N. *les forts,*

D. *Qu'est-ce qu'un Comparatif?*

R. On compare souvent deux choses pour
savoir laquelle des deux l'emporte en force,
beauté &c. quand l'adjectif marque cet avantage d'une chose sur une autre, on l'appelle
COMPARATIF.

D. *Comment reconnoit-on un comparatif?*

R. Les Latins forment le Comparatif en
ajoutant au cas de l'Adjectif terminé en *i, or*
pour le nominatif masculin & féminin, *us* pour
le nominatif neutre. *Fortis ,* fort, FORTIOR ,
FORTIUS, *plus* fort; *pulcher,* beau, PULCHRIOR ,
plus beau. Les Comparatifs ont le gén. en *oris ,*
& sont de la troisième déclinaison. En français
le mot PLUS lorsqu'il précéde un adjectif sans
article, sert de Comparatif. LE PLUS est la marque du Superlatif.

D. *Qu'est-ce que le Superlatif?*

R. On compare plusieurs choses entr'elles
pour savoir laquelle posséde au plus haut dégré
la force, la beauté. Quand l'Adjectif marque ce
suprême dégré , on l'appelle SUPERLATIF.

D. *Comment reconnoit-on le Superlatif?*

R. Les Latins le forment en ajoutant au cas
de l'Adjectif terminé en *i, ssimus* qui suit dans
tous les genres & tous les cas les terminaisons
de *bonus , a , um. Fortis,* FORTISSIMUS, *très-*fort

ou *le plus* fort. En français outre LE PLUS, les mots TRÈS, BIEN, FORT, devant un Adjectif font la marque d'un Superlatif.

EXCEPTIONS. Les Adjectifs suivans ont au Superlatif *ssimus* & *limus.*

Agilis,	agile,	*agili-ssimus,*	ou	*agil-limus.*
Gracilis,	mince,	*gracili-ssimus,*	ou	*gracil-limus.*
Docilis,	docile,	*docili-ssimus,*	ou	*docil-limus.*
Imbecillis,	foible,	*imbecilli-ssimus,*	ou	*imbecil-limus.*

Ceux-ci n'ont d'autre terminaison que *limus.*

Facilis,	facile,	*facil-limus.*
Difficilis,	difficile,	*difficil-limus.*
Humilis,	humble,	*humil-limus.*
Similis,	semblable,	*simil-limus.*
Dissimilis,	dissemblable,	*dissimil-limus.*

Les Adjectifs dont le Nominatif singulier est terminé en *er* y ajoutent *rimus* pour former le superlatif.

Pulcher, pulcher-rimus, Celeber, celeber-rimus.

Dans les adjectifs terminés en *ficus, dicus* & *volus,* on change *us* en *entior* pour former le comparatif, & en *entissimus* pour former le superlatif:

Magnificus, magnifique, Comp. *magnificentior,* Sup. *Magnificen-tissimus.*

Les *Adjectifs suivans se comparent irrégulierement.*

Positif.	Comparatif.	Superlatif.
Bonus,	Melior,	Optimus,
Bon,	Meilleur,	le meilleur ou très-bon.
Malus,	Pejor,	Pessimus,
Méchant,	plus méchant ou pire,	le plus méchant ou le pire.
Magnus,	Major,	Maximus,
Grand,	plus grand,	le plus grand ou très-grand.
Parvus,	Minor,	Minimus,
Petit,	plus petit ou moindre,	le plus petit ou le moindre.
Propinquus,	Propior,	Proximus.
Proche,	plus proche,	le plus proche.

Le positif, c'est-à-dire l'adjectif simple, le comparatif & le superlatif sont appellés dégrés de comparaison.

D. *Tous les adjectifs ont-ils un comparatif & un superlatif?*

R. Quelques-uns n'en ont point, sur-tout les adjectifs terminés en *ndus, ius* & *eus.*

D. Comment exprime-t-on le comparatif & le superlatif de ces adjectifs ?

R. Plus s'exprime par MAGIS, *le plus*, *très*, *fort*, *bien*, par MAXIMÈ. On laisse l'adjectif au positif. Comme pieux, *pius*; plus pieux, MAGIS *pius*; très-pieux, MAXIMÈ *pius*.

REGLES

Pour trouver le nominatif des Noms de la troisième déclinaison par la terminaison du génitif.

Plusieurs noms ont le génitif semblable au nominatif. Gén. *Hostis*. Nom. *Hostis*, l'Ennemi, d'autres ont seulement *es* au nominatif au lieu de *is*. Gén. *Cladis*. Nom. *Clades*, la défaite : ces noms sont aisés à trouver ; ils n'ont pas plus de syllabes au génitif qu'au nominatif. Voici comment on peut trouver le nominatif des autres par le génitif.

Les Génitifs en   *ont leur Nominatif en*

CIS - - - - - X

Du-CIS Du-X, *Chef*, Vo-CIS, Vo-X, *Voix*, Hale-CIS, Hale-X, *Hareng*.

DIS - - - - - S

Pe-DIS, Pe-S, *Pied*, Va-DIS Va-S, *Caution*, Cuspi-DIS, cuspi-s, *Pointe de lance*.

ENIS - - - EN OU O

Li-ENIS, Li-EN, *Rate*, R-ENIS, R-EN, *le Rein*, Ani-ENIS, Ani-O, *nom de fleuve*.

GIS - - - - X

Phry-GIS, Phry-X, *Phrygien*, Le-GIS, Le-X, *Loi*.

IS précédé d'une voyelle. - - - S

Su-IS, Su-S, *Porc*, Hero-IS, Hero-S, *Héros*.

INIS - - - EN, IN OU O.

Pect-INIS, Pect-EN, *Peigne*, Delph-INIS, Delph-IN, *Dauphin*, Ord-INIS, Ord-O, *Ordre*.

IPIS & IPITIS - - - EPS

Forc-IPIS, Forc-EPS, *Tenaille*, Præc-IPITIS, Præc-EPS, *Précipité*, Anc-IPITIS, Anc-EPS, *Douteux*.

IDIS & ITIS - - - ES

Des-IDIS, Des-ES, *Fainéant*, Mil-ITIS, Mil-ES, *Soldat*, Palm-ITIS, Palm-ES, *Sarment*.

LIS - - - - - L

Anima-LIS, Anima-L, *Animal*, Mel-LIS, Me-L, *Miel*, So-LIS, So-L, *Soleil.*

ONIS — — — — O ou ON

Mucr-ONIS, Mucr-O, *Pointe d'épée*, Jaf-ONIS, Jaf-ON, *Jafon.*

RIS — — — — — R ou S

Ceux en ERIS ont ER, ES, IS, US, Caract-ERIS, Caracte-R, *Caractère*, Pulv-ERIS, Pulv-IS, *Pouffière*, Mun-ERIS, Mun-US, *Charge*, Cer-ERIS, Cer-ES, *Cerés.*

Ceux en ORIS ont OR, US, OS, UR, Sor-ORIS, Sor-OR, *Sœur*, Dec-ORIS, Dec-US, *honneur*, R-ORIS, R-OS, *Rofée*, Eb-ORIS, Eb-UR, *yvoire.*

SIS — — — — — S

Va-SIS, Va-S, *Vafe*, Of-SIS, O-S, *os.*

TIS — — — — — S

Virtu-TIS, Virtu-S, *Vertu*, Volupta-TIS, Volupta-S, *Volupté*, Li-TIS, Li-s, *Procés*, Mon-TIS, Mon-s, *Montagne.* Il y a quelques exceptions que l'ufage apprendra.

QUATRIEME DÉCLINAISON.

ELLE comprend les *Noms Masculins & Féminins* en us *qui ont le Génitif singulier* en ûs. *Les Noms neutres en* u *font indéclinables au singulier. Le Génitif pluriel eft en* uum.

Exemple des Noms en us.

SING. *Nom. & Voc.* Fruct-us, M. *le fruit*, *fruit.*
   Gén.   Fruct-ûs, *du fruit.*
   Dat.   Fruct-ui, *au fruit.*
   Acc.   Fruct-um, *le fruit.*
   Abl.   Fruct-u, *du fruit.*

PLUR. *Nom. Acc. & Voc.* Fruct-us, *les fruits*, *fruits.*
   Gén. -   Fructuum, *des fruits.*
   Dat. & Abl.   Fructibus, *aux fruits, des fruits.*

Exemple des Noms en u.

SING. *pour tous les cas*, Cornu, N. *la corne.*

PLUR. *Nom. Acc. & Voc.* Cornu-a, *les cornes*, *cornes.*

Gén.   Corn-uum, *des cornes.*

Dat. & Abl.   Corn-ibus, *aux cornes, des cornes.*

Genu, N. Genou, *Portus*, M. Port, *Veru*, N. Broche, font *ibus* & *ubus* au Datif & à l'Ablatif pluriel. Mais les fuivants font feulement *ubus.*

Arcus, M. Arc,   *Artus*, M. PL. Membres,
Lacus, M. Lac,   *Partus*, M. Accouchement,
Specus, M. F. Caverne,   *Tribus*, F. Tribu,
    JESUS, JESUS : a le génitif & le datif en *u.*

CINQUIEME DÉCLINAISON.

ELLE comprend les Noms féminins en es, *qui ont le génitif fingulier en* ei, *& le gén. pluriel en* erum.

Exemple.

SING. Nom. & *Voc.*	R-es, F.	*la chofe, chofe.*	
Gén.	R-ei,	*de la chofe.*	
Dat.	R-ei,	*à la chofe.*	
Acc.	R-em,	*la chofe.*	
Abl.	R-e,	*de la chofe.*	
PLUR. *Nom. Ac. &* *Voc.*	R-es,	*les chofes, chofes.*	
Gén.	R-erum,	*des chofes.*	
Dat. & Abl.	R-ebus,	*aux chofes, des chofes.*	

EXCEPTION. *Dies*, Jour, au fingulier eft mafculin & féminin; au pluriel il n'eft que mafculin.

OBSERVATIONS.

Les trois dernières Déclinaifons ont aux deux nombres, le Nominatif & le Vocatif femblables. Au pluriel le Datif & l'Ablatif font en *bus*. Le Datif & l'Ablatif des deux premiers font en *is*.

D. *Quand un Nom eft compofé de deux autres, que faut-il faire?*

R. Si le Nominatif de ce nom compoſé eſt formé de deux Nominatifs, on les décline tous deux, chacun ſuivant leur déclinaiſon. *Jus-jurandum*, gén. *Juris-jurandi*, &c.

Si le Nominatif de ce nom compoſé contient un Nominatif & un autre cas, on ne décline que celui des deux qui eſt au nominatif. *Pater*-familias, *patris*-familias.

Si le mot étoit compoſé d'un indéclinable & d'un nom, on déclineroit le nom.

NOMS DE NOMBRE.

D. *Qu'eſt-ce qu'un Nom de nombre?*

R. C'eſt un Nom qui ſert à compter.

D. *Y a-t-il pluſieurs ſortes de Noms de nombre?*

R. Il y en a deux, l'une qui ſert à marquer la quantité, *comme* : cette claſſe contient *vingt*, *trente*, *quarante* écoliers. *Vingt*, *trente*, *quarante*, &c. étant ſans article, s'appellent Noms de nombre CARDINAUX. Preſque tous ſont invariables dans les deux langues, c'eſt-à-dire qu'ils n'ont ni genre, ni nombre, ni cas. *Viginti*, *triginta*, &c. ſont indéclinables.

L'autre eſpèce ſert à marquer le rang : Pierre eſt le *dix* ou le *dixième*, le *vingt* ou le *vingtième* de ſa claſſe. *Dixième*, le *dix*, *vingtième*, le *vingt*, ſont appellés Noms de nombre ORDINAUX : en latin ils ſe terminent preſque tous en *ſimus*, & ils ſont de véritables adjectifs de la ſeconde déclinaiſon, c'eſt-à-dire, qu'ils ont tous leurs nombres, leurs cas & leurs genres, comme *bonus*. En français ceux qui font terminés en *ième*, prennent une *s*. au pluriel.

Nom.	Un-us, M. Un-a, F. Un-um N. *un, une.*
Gén.	Un-ius, *d'un, d'une.*
Dat.	Un-i *à un, à une.*
Acc.	Un-um, Un-am, Un-um, *un, une.*
	Il n'a point de Vocatif.
Abl.	Un-o, Un-a, Un-o, *d'un, d'une.*

Unus, un, *fans article*, n'a d'autre pluriel que *deux*, *trois*, & tous les nombres cardinaux.

Nom. & Voc.	Duo, M. duæ, F. duo, N. *deux.*
Gén.	Duorum, arum, orum, *des deux.*
Dat. & Abl.	Duobus, abus, obus, *aux deux, des deux.*
Acc.	Duos & duo, duas, duo, *deux.*

Ambo, *deux enfemble, fe décline comme* duo.

Les adjectifs fuivans, & leurs compofés au fingulier, fe déclinent fur *Unus*, & au pluriel fur *bonus, bona, bonum.*

Alius, alia, aliud, *autre, Gén.* alius, *Dat.* alii.
Alter, altera, alterum, *un autre, Gén.* alterius, *Dat.* alteri.
Solus, fola, folum, *feul, Gén.* folius, *Dat.* foli.
Totus, tota, totum, *tout, Gén.* totius, *Dat.* toti.
Ullus, ulla, ullum, *quelqu'un, Gén.* ullius, *Dat.* ulli.
Uter, utra, utrum, *lequel des deux, Gén.* utrius, *Dat.* utri.

D E S　P R O N O M S.

D. Qu'est-ce qu'un pronom?

R. Le pronom est un mot déclinable, mis pour un nom dont il tient la place.

D. Y a-t-il plufieurs fortes de pronoms?

R. Il y en a deux : PRONOMS PERSONNELS, & PRONOMS POSSESSIFS.

D

D. Qu'est-ce qu'un pronom personnel?

R. C'est un pronom qui marque seulement la personne dont il s'agit. On distingue trois sortes de personnes au singulier & au pluriel. celle qui parle est la première : EGO, *moi*, NOS *nous.* Celle de qui on parle est la seconde : TU, *toi* ou *vous*, VOS, *vous.* Celle de qui on parle est la troisième : SE, *soi*, IS, &c. *lui.*

Qu'estce qu'un Pronom possessif?

R. Les pronoms possessifs marquent la personne à qui une chose appartient, & ils sont ainsi adjectifs d'un mot, & pronoms d'un autre. *Liber* MEUS, *mon* livre ; c'est comme s'il y avoit *liber* PROPRIUS MIHI. Livre *propre à moi.* MEUS *mon*, renferme la signification de l'adjectif *proprius*, & celle du pronom *mihi.*

PRONOMS PERSONELS.

Ils sont irréguliers comme *unus*, c'est-à-dire, qu'ils ne suivent pas toutes les regles des déclinaisons auxquelles ils ont rapport.

Pronom de la première personne.

SING.	Nom.	Ego,	moi ou je.
	Gén.	Mei,	de moi.
	Dat.	Mihi,	à moi ou me.
	Acc.	Me,	moi ou me.
		Il n'a point de Vocatif.	
	Abl.	Me,	de moi ou par moi.

PLUR.	Nom. & Acc.	Nos,	nous.
	Gén.	Nostrûm, ou nostri,	de nous.
	Dat. & Abl.	Nobis,	à nous, de nous.
		Il n'a point de Vocatif.	

B

Pronom de la seconde personne.

SING. Nom. & Voc.	Tu ,	*toi* ou *tu.*
Gén.	Tui ,	*de toi.*
Dat.	Tibi ,	*à toi* ou *te.*
Acc.	Te ,	*toi* ou *te.*
Abl.	Te ,	*toi* ou par *toi.*

PLUR. Nom. Acc. & Voc.	Vos ,	*vous.*
Gén.	Veſtrûm *ou* Veſtri ,	*de vous.*
Dat. & Abl.	Vobis ,	*à vous , de vous.*

Le pronom Français Vous , *s'exprime en Latin par le pronom* Tu , *quand on ne parle qu'à une personne ; & ſi on parle à pluſieurs , il s'exprime par le pronom* Vos.

Pronom de la troiſiéme perſonne.

Le pronom Sui , *est de la troiſiéme perſonne , il n'a ni Nomin. ni Voc. & ſe décline au pluriel comme au ſingulier.*

PLURIEL & SINGULIER.

Gén.	Sui ,	*de ſoi* ou *d'eux-mêmes.*
Dat.	Sibi ,	*à ſoi* ou *à eux-mêmes.*
Acc.	Se ,	*ſoi* ou *eux-mêmes.*
Abl.	Se ,	*de ſoi* ou *d'eux-mêmes.*

Ces trois Pronoms ſont de tous genre.

Les ſuivants & leurs compoſés ſe déclinent au ſingulier comme *unus ,* & au pluriel comme celui de *bonus , a , um.*

Ille , a , ud , *lui , elle ,* Gén. illius , Dat. illi.
Ipſe , a , um , *lui-même , elle-même ,* Gén. ipſius ,
　　　　　　　　　　　　　　　　　　　　Dat. ipſi.
Iſte , a , ud , *lui , elle ,* Gén. iſtius , Dat. iſti.
Is , ea , id , *lui , elle ,* Gén. ejus , Dat. ei , Acc.
　　　　　　　　　　　　　　　　　eum , eam , id.

Hic , Qui & leurs compoſés , ne ſe déclinent pas tout-à-fait de même.

SING. Nom. Hic , M. hæc , F. hoc , N. *celui-ci , celle-ci , ceci.*
　　Gén. Hujus ,　　　　　　　*de celui-ci , de celle-ci.*

Dat. Huic,   *à celui-ci, à celle-ci.*
Acc. Hunc, Hanc, hoc,   *celui-ci, celle-ci, ceci.*
Abl. Hoc, hâc, hoc,   *de celui-ci, de celle-ci.*

PLUR. *Nom.*   Hi, hæ, hæc, *ceux-ci, celles-ci, ces.*
Gén.   Horum, harum, horum, *de ceux-ci,*
                            de celles-ci.
Dat. & *Abl.* His, *à ceux-ci, à celles-ci, de ceux-ci.*
Acc.   Hos, has, hæc, *ceux-ci, celles-ci, ces.*

Ille, ipfe, his, hic, font quelquefois de fimples adjeétifs , HIC *homo*, CET *homme*; HIC, CET, n'eft plus pronom.

SING. *Nom.* Qui, M. quæ, F. quod, N. *qui, lequel, laquelle.*

Gén. Cujûs, *dont, de qui, duquel, de laquelle.*
Dat. Cui, *à qui, auquel, à laquelle.*
Acc. Quem, quam, quod, *que, lequel, laquelle.*
Abl. Quo, quâ, quo, *dont, de qui, duquel, de laquelle.*

PLUR. *Nom.*   Qui, quæ, quæ, *qui, lefquels, lefquelles.*

Gén.   Quorum, quarum, quorum, *dont, de qui.*

Dat. & *Abl.* Quibus, *vel* queis, *à qui, auxquels auxquelles, de qui, defquelles.*

Acc.   Quos, quas, quæ, *que, lefquels, lefquelles.*

Qui peut tenir aux trois perfonnes. Il eft pronom, & veut toujours deux phrafes qu'il unit enfemble. *Celui-là eft vraiment fage*, QUI *remplit tous fes devoirs. Je fuis franc, moi* QUI *vous parle.*

D. *Comment exprime-t-on en latin le* QUI *interrogatif?*

R. On l'exprime par *quis, quæ, quid.* Il fe décline comme *qui, quæ, quod.*

Quis, dans fes compofés, a le nominatif fingulier féminin, le nominatif & l'accufatif pluriel en *a*, s'il termine le mot.

DES VERBES.

Qu'est-ce que le Verbe ?

R. C'eſt un mot qui en aſſurant qu'une perſonne ou une choſe exiſte, marque encore
ordinairement ce qu'elle eſt, ou ce qu'elle
fait, & qui a des modes & des temps.

D. *Qu'entendez-vous par modes ?*

R. Les modes ſont les différentes manières dont
le verbe aſſure une choſe. Car on peut aſſurer quelque choſe avec doute, ou en ſuppoſant quelque condition. Comme JE FEROIS
OU J'AUROIS FAIT *votre affaire ſi vous m'en
aviez parlé.*

On peut aſſurer en ordonnant : comme, *Meſ-
ſieurs,* FAITES *ce que je vous dis,* ou VOUS
FEREZ *ce que je dis.*

On aſſure ſans doute, ſans condition, ſans
donner d'ordre : comme, JE LIS.

D'autres fois le verbe marque ſeulement l'action ou l'état en général, ſans déſigner ni
ordre, ni doute, ni celui qui la fait, ou
qui y eſt : MENTIR *eſt indigne d'un honnête
homme. Il faut* EMPLOYER *le temps.*

D. *Il y a donc quatre modes.*

R. Oui, il y en a quatre, l'INDICATIF qui aſſure l'action ſans doute, ſans condition, ſans
donner d'ordre. JE LIS. L'IMPÉRATIF qui aſſure l'action en ordonnant. FAITES *ou vous*
FEREZ *ce que je dis.* Le SUBJONCTIF qui aſſure la choſe avec doute, ou en ſuppoſant
quelque condition. JE FEROIS OU J'AUROIS

FAIT *votre affaire fi vous m'en aviez parlé.*
L'INFINITIF qui marque feulement l'action
ou l'état, fans défigner même celui qui la
fait, ou qui y eft : MENTIR *eft indigne d'un
honnête homme.* Chaque mode a des terminaifons qui lui font propres.

D. *Qu'eft-ce que les temps ?*

R. Les temps, comme leur nom le fait voir,
marquent le temps où fe paffe la chofe que
l'on affure dans les quatre modes. Ils ont
leur terminaifon propre felon chaque mode.

D. *Combien y a-t-il de temps ?*

R. Il n'y a proprement que trois temps ; le
PRÉSENT où nous fommes, le PASSÉ où nous
ne fommes plus, l'AVENIR où nous ne fommes pas encore. Il n'y a jamais qu'un temps
préfent ; mais dans les langues on diftingue
plufieurs paffés & plufieurs futurs.

D. *Combien y a-t-il de paffés ?*

R. Le français en a quatre : le PARFAIT DÉ-
FINI, qui marque une chofe faite dans un
temps paffé dont il ne refte rien, & qu'on
défigne. *L'année derniere, hier* JE SUIVIS *cette
route.* Le PARFAIT INDÉFINI, qui fe met indifféremment pour un temps défigné, ou
non défigné, pour un temps qui ne dure
plus, ou qui dure encore. *Exemple.* J'AI
FAIT *mon devoir. Hier & aujourd'hui* J'AI
EU *mal à la tête.* Le feul parfait des latins
rend ces deux là. *Amavi, j'aimai* ou *j'ai
aimé.*

Le français & le latin ont tous deux l'IMPAR-
FAIT, qui marque une chofe paffée, mais

qui fe faifoit en même-temps qu'une autre. *Moife* ÉTOIT *avec Dieu*, & le peuple ADO-ROIT *le veau d'or.* Le PLUSQUEPARFAIT qui marque une chofe paffée, mais qui s'étoit faite avant une autre qui eft auffi paffée.

J'AVOIS FINI *ma lettre quand vous êtes venu.*

D. *Combien y a-t-il de Futurs ?*

R. Deux ; le FUTUR SIMPLE & le FUTUR COM-POSÉ. Le *futur fimple* affure fimplement une chofe à venir. J'ÉTUDIERAI. Le *futur com-pofé*, affure une chofe future, mais qui fe fera déja paffée quand une autre fe fera. J'AU-RAI APPRIS *ma leçon quand deux heures fon-neront.*

D. *Combien y a-t-il de fortes de Verbes ?*

R. Deux, le perfonnel & l'imperfonnel.

D. *Qu'eft-ce que le Verbe perfonnel ?*

R. C'eft celui qui a trois perfonnes au fingu-lier & au pluriel : comme, *j'aime, tu aimes, il aime ; nous aimons, vous aimez, ils aiment.*

D. *Qu'eft-ce que le Verbe imperfonnel ?*

R. C'eft celui qui fe conjugue feulement par la troifième perfonne du fingulier. Ex. *il faut.*

D. *Qu'eft-ce que conjuguer ?*

R. C'eft raffembler tous les modes & tous les temps d'un verbe.

D. *Le Verbe perfonnel ne fe divife-t-il pas en plufieurs efpèces ?*

R. En français il fe divife en trois efpèces prin-cipales, l'ACTIF, le PASSIF & le NEUTRE ; les latins en ajoutent deux autres : le DÉ-PONENT & le COMMUN.

D. *Qu'eſt-ce que le Verbe actif ?*

R. C'eſt celui dont le nominatif fait l'action ſur un autre objet. JE JETTE la balle. En latin le verbe actif eſt terminé en *o* à la premiere perſonne du Préſent indicatif. C'eſt ce qu'on appelle auſſi la voix active. *Jacio*, *je jette.*

D. *Qu'eſt-ce que le Verbe paſſif ?*

R. Ce verbe marque l'action faite ſur le nominatif par un autre objet. *Pierre* A ÉTÉ FRAPPÉ *par ſon frere.* En latin la premiere perſonne du Préſent indicatif ſe termine en *or. Percutior*, *je ſuis frappé.* C'eſt ce qu'on appelle la voix paſſive.

D. *Qu'eſt-ce que le Verbe neutre ?*

R. Le verbe neutre marque l'état du nominatif : Exemple. *Je dors*, *je cours.* En latin la premiere perſonne de l'Indicatif préſent ſe termine en *o.* Il n'a point de paſſif.

D. *Quel eſt le Déponent des Latins ?*

R. Le verbe déponent a la terminaiſon paſſive & la ſignification active ou neutre. Ex. *hortor*, j'exhorte, *morior*, je me meurs.

D. *Quel eſt le Verbe commun ?*

R. Le verbe commun a la terminaiſon paſſive, ainſi que le déponent, mais il a la ſignification active & paſſive. Ex. *criminor*, je blâme, & je ſuis blâmé.

D. *Tous les verbes ſe conjuguent-ils de même ?*

R. Non : le français & le latin ont chacun quatre conjugaiſons différentes

D. *Comment les diſtingue-t-on ?*

R. On les diſtingue en français par l'infinitif

B 4

feul, & en latin par l'infinitif & la feconde
perfonne de l'indicatif préfent. Chez les Français la premiere a l'infinitif en *er*, la feconde
en *ir*, la troifième en *oir*, & la quatrième
en *re*. Chez les Latins, la première à l'infinitif en *are*, & la feconde perfonne en *as*,
la feconde conjugaifon a l'infinitif en *ere*,
& la feconde perfonne en *es*. La troifième conjugaifon a l'infinitif en *ere*, & la feconde perfonne en *is*. La quatrième a l'infinitif en *ire*,
& l a feconde perfonne en *is*.

DU PARTICIPE.

D. Qu'eft-ce que le Participe?

R. Un participe eft un nom adjectif tiré du
verbe, dont il participe en marquant les
temps & en gouvernant les mêmes càs.

D. Combien y a-t-il de Participes?

R. Le français & le latin en ont quatre. Deux
à chaque voix, en français il y a à l'actif &
au paffif un participe préfent & un participe
paffé.

Part. préf. act. aimant.   *Part. préf. paf.* aimé, ou étant
aimé.

Part. paf. act. ayant aimé.   *Part. paf. paf.* ayant été aimé.

Le latin n'a point de participe paffé actif. Il
n'a que le préfent en *ans* ou *ens*. Mais il y
ajoute un participe du futur terminé en *rus, ra,
rum. Amaturus, ra, rum*, devant aimer. Au paffif le participe en *us* tient lieu des deux français; il a de plus le participe du futur en *dus, da,
dum. Amandus, da, dum*, devant être aimé.

Le déponent outre les deux participes actifs

a le participe en *us*, dont la signification est celle d'un participe passé actif.

On trouve aussi dans les conjugaisons des verbes, des noms substantifs qui n'ont qu'un seul cas, & qui ont la signification de l'infinitif jointe à une préposition. Ce sont les Supins & Les Gérondifs. L'actif a un *supin* en *um*. *Amatum*, pour aimer, c'est un accusatif; & trois *gérondifs* : l'un en *di*, c'est un génitif, *amandi*, d'aimer ; l'autre en *do*, c'est un ablatif, *amando*, par aimer, ou en aimant : le troisième en *dum*, c'est un accusatif, *amandum*, à ou pour aimer. Le passif a un supin en *u*, qui est un datif. *Amatu*, à être aimé.

___

Le verbe être *aide à former tous les temps du* verbe passif *en français.* Le verbe esse *aide à former une partie des temps du passif latin. C'est pourquoi on l'appelle* auxiliaire *; le voici dans les deux langues.*

INDICATIF. PRÉSENT.

Sing. **S**um, *je suis.*
Es , *tu es.*
Est , *il est.*

Plur. Sumus, *nous sommes.*
Estis, *vous êtes.*
Sunt, *ils sont.*

IMPARFAIT.

Sing. Eram, *j'étois.*
Eras, *tu étois,*
Erat , *il étoit.*

Plur. Eramus,   - *nous étions.*
      Eratis,   *vous étiez.*
      Erant,   *ils étoient.*

PARFAIT.

Sing. Fui,   *j'ai* été* ou *je fus.*   * En françois le verbe
      Fuisti,   *tu as été* ou *tu fus.*   *avoir* sert à conjuguer les
      Fuit,   *il a été* ou *il fut.*   temps passés des deux
                                     voix, & dans ces temps
                                       là il est auxiliaire.

Plur. Fuimus,   *nous avons été* ou *nous fumes.*
      Fuistis,   *vous avez été* ou *vous futes.*
      Fuerunt *ou* fuere,   *ils ont été* ou *ils furent.*

PLUSQUE PARFAIT.

Sing. Fueram,   *j'avois été.*
      Fueras,   *tu avois été.*
      Fuerat,   *il avoit été.*

Plur. Fueramus,   *nous avions été.*
      Fueratis,   *vous aviez été.*
      Fuerant,   *ils avoient été.*

FUTUR.

Sing. Ero,   *je serai.*
      Eris,   *tu seras.*
      Erit,   *il sera.*

Plur. Erimus,   *nous serons.*
      Eritis,   *vous serez.*
      Erunt,   *ils seront.*

FUTUR PASSÉ.

Sing. Fuero,   *j'aurai été.*
      Fueris,   *tu auras été.*
      Fuerit,   *il aura été.*

Plur. Fuerimus,   *nous aurons été.*
      Fueritis,   *vous aurez été.*
      Fuerint,   *ils auront été.*

IMPÉRATIF.

Sing. Esto,   *sois.* *   * L'Impératif n'a jamais de pre-
      Esto,   *qu'il soit.*   mière personne au singulier.

Plur.	Simus,	*foyons.*
	Efte, *ou* eftote,	*foyez.*
	Sunto,	*qu'ils foient.*

SUBJONCTIF. PRÉSENT.

Sing.	Sim,	*que je fois.*
	Sis,	*que tu fois.*
	Sit,	*qu'ils foient.*
Plur.	Simus,	*que nous foyons.*
	Sitis,	*que vous foyez.*
	Sint,	*qu'ils foient.*

IMPARFAIT.

Sing.	Effem *ou* forem,	*je fuffe* ou *je ferois.*
	Effes *ou* fores,	*tu fuffes* ou *tu ferois.*
	Effet *ou* foret,	*il fût* ou *il feroit.*
Plur.	Effemus,	*nous fuffions* ou *nous ferions.*
	Effetis,	*vous fuffiez* ou *vous feriez.*
	Effent *ou* forent,	*ils fuffent* ou *ils feroient.*

PARFAIT.

Sing.	Fuerim, *j'aye été.* *	* Les cinq dernières perfonnes
	Fueris, *tu ayes été.*	du parf. fubj. *latin*, font comme
	Fuerit, *il ait été.*	les cinq dernières du futur paffé.
Plur.	Fuerimus,	*nous ayons été.*
	Fueritis,	*vous ayez été.*
	Fuerint,	*ils aient été.*

PLUSQUE PARFAIT.

Sing.	Fuiffem,	*j'euffe* ou *j'aurois été.*
	Fuiffes,	*tu euffes* ou *tu aurois été.*
	Fuiffet,	*il eût* ou *il auroit été.*
Plur.	Fuiffemus,	*nous euffions* ou *nous aurions été.*
	Fuiffetis,	*vous euffiez* ou *vous auriez été.*
	Fuiffent,	*ils euffent* ou *ils auroient été.*

INFINITIF. PRÉSENT & IMPARFAIT.

Effe.	*être.*

PARFAIT & PLUSQUE PARFAIT.

Fuiffe.	*avoir été.*

FUTUR.

Fore *ou* futurum, futuram effe,   *devoir être.*

FUTUR PASSÉ.

· Futurum, futuram fuiffe,   *avoir dû être.*

PARTICIPE DU FUTUR.

Futurus, futura, futurum,   *devant être.*

  Ainfi fe conjuguent les compofés de *Sum*, exccepté, *Poffum*, je puis; & *Profum*, je fers.

CONJUGAISONS.

Les temps de l'actif & du paffif fe forment de l'Indicatif préfent & Parfait, de l'Infinitif préfent & du Supin.

PREMIERE CONJUGAISON.

L'ACTIF.

INDICATIF.   PRÉSENT.

Sing.	AM-o,	*j'aime,*
	Am-as,	*tu aimes.*
	Am-at,	*il aime.*
Plur.	Am-amus,	*nous aimons.*
	Am-atis,	*vous aimez.*
	Am-ant,	*ils aiment.*

IMPARFAIT.

Il fe forme du préfent, en changeant o en abam.

Sing.	Am-abam,	*j'aimois.*
	Am-abas,	*tu aimois.*
	Am-abat,	*il aimoit.*
Plur.	Am-abamus,	*nous aimions.*
	Am-abatis,	*vous aimiez.*
	Am-abant,	*ils aimoient.*

PARFAIT.

Sing. Am-avi,   *j'ai aimé* ou *j'aimai.*
     Am-avifti,   *tu as aimé* ou *tu aimas.*
     Am-avit,   *il a aimé* ou *il aima.*

Plur. Am-avimus,   *nous avons aimé* ou *nous aimâmes.*
     Am-aviftis,   *vous avez aimé* ou *vous aimâtes.*
     Am-averunt ou am-avere, *ils ont aimé* ou *ils aimerent*

PLUSQUE PARFAIT.

Il se forme du Parfait, en changeant i, *en* eram.

Sing. Am-averam,   *j'avois aimé.*
     Am-averas,   *tu avois aimé.*
     Am-averat,   *il avoit aimé.*

Plur. Am-averamus,   *nous avions aimé.*
     Am-averatis,   *vous aviez aimé.*
     Am-averant,   *ils avoient aimé.*

FUTUR.

Il se forme du présent, en changeant o *en* abo.

Sing. Am-abo,   *j'aimerai.*
     Am-abis,   *tu aimeras.*
     Am-abit,   *il aimera.*

Plur. Am-abimus,   *nous aimerons.*
     Am-abitis,   *vous aimerez.*
     Am-abunt,   *ils aimeront.*

FUTUR PASSÉ.

Il se forme du Parfait, en changeant i *en* ero.

Sing. Am-avero,   *j'aurai aimé.*
     Am-averis,   *tu auras aimé.*
     Am-averit,   *il aura aimé.*

Plur. Am-averimus,   *nous aurons aimé.*
     Am-averitis,   *vous aurez aimé.*
     Am-averint,   *ils auront aimé.*

IMPÉRATIF.

Il se forme de l'Infinitif, en ôtant re.

Sing. Am-a *ou* Am-ato,   *aime.*
     Am-ato,   *qu'il aime.*
Plur. Am-emus,   *aimons.*

Am-ate *ou* am-atote , *aimez.*
Am-anto , *qu'ils aiment.*

SUBJONCTIF. PRÉSENT.

Il se forme du Préf. de l'Indicatif , en changeant o *en* em.

Sing.   Am-em ,   *que j'aime.*
         Am-es ,   *que tu aimes.*
         Am-et ,   *qu'il aime.*

Plur.   Am-emus ,   *que nous aimions.*
         Am-etis ,   *que vous aimiez.*
         Am-ent ,   *qu'ils aiment.*

IMPARFAIT.

Il se forme de l'Infinitif , en ajoutant m.

Sing.   Am-arem ,   *j'aimasse* ou *j'aimerois.*
         Am-ares ,   *tu aimasses* ou *tu aimerois.*
         Am-aret ,   *il aimât* ou *il aimeroit.*

Plur.   Am-aremus ,   *nous aimassions* ou *nous aimerions.*
         Am-aretis ,   *vous aimassiez* ou *vous aimeriez.*
         Am-arent ,   *ils aimassent* ou *ils aimeroient.*

PARFAIT.

Il se forme du Parfait , en changeant i *en* erim.

Sing.   Am-averim ,   *j'aye aimé.*

   Le reste , pour le *latin*, comme au Futur passé.

PLUSQUE PARFAIT.

Il se forme du Parfait , en ajoutant ssem.

Sing.   Am-avissem ,   *j'eusse* ou *j'aurois aimé.*
        Am-avisses ,   *tu eusses* ou *tu aurois aimé.*
        Am-avisset ,   *il eût* ou *il auroit aimé.*
Plur.   Am-avissemus , *nous eussions* ou *nous aurions aimé.*
        Am-avissetis , *vous eussiez* ou *vous auriez aimé.*
        Am-avissent , *ils eussent* ou *ils auroient aimé.*

INFINITIF. PRÉSENT & IMPARFAIT.

     Am-are ,   *aimer.*

PARFAIT & PLUSQUE PARFAIT.

Il se forme du Parfait , en changeant i *en* isse.

     Am-avisse ,   *avoir aimé.*

FUTUR.

Il se forme du Participe en rus, ra, rum, *en ajoutant* esse.

Am-aturum, am-aturam esse,   *devoir aimer.*

FUTUR PASSÉ.

Am-aturum, am-aturam fuisse,   *avoir dû aimer.*

GÉRONDIFS.

Ils se forment du Présent, changeant o *en* andi, ando, andum.

Am-andi,	*d'aimer.*
Am-ando,	*en aimant.*
Am-andum,	*à aimer* ou *pour aimer.*

SUPINS.

Am-atum,   *aimer.*

PARTICIPE DU PRÉSENT.

Il se forme du Présent, changeant o *en* ans.

Am-ans, *gén.* am-antis, *aimant, qui aime* ou *qui aimoit.*

DU FUTUR.

Il se forme du Supin en u, *ajoutant* rus, ra, rum.

Am-aturus, ra, rum,   *devant aimer.*

Les Verbes qui n'ont point de Supins n'ont point de Futur en *rus.*

LE PASSIF.

INDICATIF PRÉSENT.

Il se forme du présent, en ajoutant r.

Sing.	AMo -r,	*je suis aimé.*
	Am-aris *ou* am-are,	*tu es aimé.*
	Am-atur,	*il est aimé.*
Plur.	Am-amur,	*nous sommes aimés.*
	Am-amini,	*vous êtes aimés.*
	Am-antur,	*ils sont aimés.*

IMPARFAIT.

Il se forme de l'imparfait actif, en changeant m *en* r.

Sing. Am-abar,   *j'étois aimé.*

Am-abaris, *ou* am-abare ,   *tu étois aimé.*
Am-abatur   *il étoit aimé.*

Plur.   Am-abamur ,   *nous étions aimés.*
       Am-abamini ,   *vous étiez aimés.*
       Am-abantur ,   *ils étoient aimés.*

PARFAIT.

Il se forme du participe en us *& de* sum *ou* fui, *&c.*
Les participes se déclinent. *V. p.* 24.

Sing.   Am-atus sum *ou* fui ,   *j'ai été* ou *je fus aimé.*

Plur.   Am-ati , sumus *ou* suimus ,   *nous avons été* ou *nous*
        fumes aimés.

PLUSQUE PARFAIT.

Il est formé du même participe & de eram *ou* fueram, *&c.*

Sing.   Am-atus eram *ou* fueram ,   *j'avois été aimé.*

Plur.   Am-ati eramus *ou* fueramus ,   *nous avions été*
      aimés.

FUTUR.

Il se forme du futur actif, en ajoutant r.

Sing.   Am-abor ,   *je serai aimé.*
       Am-aberis *ou* am-abere ,   *tu seras aimé.*
       Am-abitur ,   *il sera aimé.*

Plur.   Am-abimur,   *nous serons aimés.*
       Am-abimini,   *vous serez aimés.*
       Am-abuntur,   *ils seront aimés.*

FUTUR PASSÉ.

Il se forme du participe en us. *& de* ero *ou* fuero , *&c.*

Sing.   Amatus ero *ou* fuero ,   *j'aurai été aimé.*

Plur.   Am-ati erimus *ou* fuerimus, *nous aurons été aimés.*

SUBJONCTIF. PRÉSENT.

Il se forme du Subjonctif présent actif, en changeant m *en* r.

Sing.   Am-er ,   *que je sois aimé.*
       Am-eris *ou* am-ere , *que tu sois aimé.*
       Am-etur ,   *qu'il soit aimé.*

                                    Plur.

Plur. Am-emur,   *que nous soyons aimés.*
Am-emini,   *que vous soyez aimés.*
Am-entur,   *qu'ils soient aimés.*

Aux deux voix le Subjonctif s'emploie souvent pour l'Impératif.

On trouvera à la page suivante, après le Supin, l'Impératif qui a été oublié.

IMPARFAIT.

Il se forme du Subj. imp. actif, en changeant m *en* r.

Sing. Am-arer,   *je fusse ou je serois aimé.*
Am-areris *ou* am-arere, *tu fusses ou tu serois aimé.*
Am-aretur,   *il fût ou il seroit aimé.*

Plur. Am-aremur, *nous fussions ou nous serions aimés.*
Am-aremini, *vous fussiez ou vous seriez aimés.*
Am-arentur, *ils fussent ou ils seroient aimés.*

PARFAIT.

Il se forme du Participe & de sim *ou* fuerim, *&c.*

Sing. Am-atus sim *ou* fuerim,   *j'aye été aimé, &c.*

Plur. Am-ati simus *ou* fuerimus, *nous ayons été aimés.*

PLUSQUE PARFAIT.

Il se forme du même participe, & de essem *ou* fuissem, *&c.*

Sing. Am-atus essem *ou* fuissem, *j'eusse été ou j'aurois été aimé, &c.*

Plur. Am-ati essemus *ou* fuissemus, *nous eussions été ou nous aurions été aimés.*

INFINITIF. PRÉSENT & IMPARFAIT.

Il se forme de l'Infinitif actif, changeant re *en* ri.

Am-ari,   *être aimé.*

PARFAIT & PLUSQUE PARFAIT.

Il se forme du Participe en us, *en ajoutant* esse *ou* fuisse.

Am-atum, am-atam, am-atum esse *ou* fuisse, *avoir été aimé.*

FUTUR.

Le Futur se forme du Supin en um *& de* iri, *ou du Participe en* dus, *& de* esse.

Am-atum iri, *ou* am-andum, dam esse, *devoir être aimé.*

C

FUTUR PASSÉ.

Il se forme du Participe en dus.

Am-andum, am-andam fuisse, *avoir dû être aimé.*

PARTICIPES. PRÉSENT & PASSÉ.

Il se forme du Supin en u, *en ajoutant* s.

Am-atus, am-ata, am-atum, *aimé,* ou *ayant été aimé.*

FUTUR.

Il se forme du Présent, comme les Gérondifs, en chang.
o *en* andus.

Am-andus, da, dum, *devant être aimé.*

SUPIN.

Am-atu, *à être aimé.*

IMPÉRATIF. PRÉSENT.

*Le présent de l'Impératif passif, est semblable au présent
de l'Infinitif actif.*

Sing. Am-are *ou* am-ator, *sois aimé.*
Am-ator, *qu'il soit aimé.*

Plur. Am-emur, *soyons aimés.*
Am-amini, *soyez aimés.*
Am-antor, *qu'ils soient aimés.*

SECONDE CONJUGAISON.

INDICATIF. PRÉSENT.

Sing. **M**ONEO, *j'avertis.*
Mon-es, *tu avertis.*
Mon-et, *il avertit.*

Plur. Mon-emus, *nous avertissons.*
Mon-etis, *vous avertissez.*
Mon-ent, *ils avertissent.*

IMPARFAIT.

Il se forme du présent, en changeant o *en* bam.

Sing. Mon-ebam, *j'avertissois.*

Mon-ebas,   *tu avertiſſois.*
Mon-ebat,   *il avertiſſoit.*

Plur.   Mone-bamus,   *nous avertiſſions.*
Mon-ebatis,   *vous avertiſſiez.*
Mon-ebant.   *ils avertiſſoient.*

PARFAIT.

Sing.   Mon-ui,   *j'ai averti, ou j'avertis.*
Mon-uiſti,   *tu as averti, ou tu avertis.*
Mon-uit,   *il a averti, ou il avertit.*

Plur.   Mon-uimus,   *nous avons averti, ou nous avertimes.*
Mon-uiſtis,   *vous avez averti, ou vous avertites.*
Mon-uerunt,   *ils ont averti, ou ils avertirent.*

PLUSQUE PARFAIT.

Il ſe forme comme à la premiere Conjugaiſon.

Sing.   Mon-ueram,   *j'avois averti.*
Mon-ueras,   *tu avois averti.*
Mon-uerat,   *il avoit averti.*

Plur.   Mon-ueramus,   *nous avions averti.*
Mon-ueratis,   *vous aviez averti.*
Mon-uerant,   *ils avoient averti.*

FUTUR.

Il ſe forme du Préſent, en changeant o en bo.

Sing.   Mon-ebo,   *j'avertirai,*
Mon-ebis,   *tu avertiras,*
Mon-ebit,   *il avertira.*

Plur.   Mon-ebimus,   *nous avertirons.*
Mon-ebitis,   *vous avertirez.*
Mon-ebunt,   *ils avertirons.*

FUTUR PASSÉ.

Il ſe forme comme à la premiere Conjugaiſon.

Sing.   Mon-uero,   *j'aurai averti.*
Mon-ueris,   *tu auras averti.*
Mon-uerit,   *il aura averti.*

Plur.   Mon-uerimus,   *nous aurons averti.*
Mon-ueritis,   *vous aurez averti.*
Mon-uerint,   *ils auront averti.*

IMPÉRATIF.

Il se forme comme à la première Conjuguaison

Sing.   Mon-e *ou* mon-eto,   avertis.
       Mon-eto,   qu'il avertisse.

Plur.   Mone-amus,   avertissons.
       Mon-ete *ou* mon-etote,   avertissez.
       Mon-ento,   qu'ils avertissent.

SUBJONCTIF. PRÉSENT.

Il se forme du Présent, en changeant o en am.

Sing.   Mon-eam,   que j'avertisse.
       Mon-eas,   que tu avertisses.
       Mon-eat,   qu'il avertisse.
Plur.   Mon-eamus,   que nous avertissions,
       Mon-eatis,   que vous avertissiez,
       Mon-eant,   qu'ils avertissent.

IMPARFAIT.

Il se forme comme à la première Conjugaison.

Sing.   Mon-erem,   j'avertirois, ou *que j'avertisse.*
       Mon-eres,   tu avertirois, ou *que tu avertisses.*
       Mon-eret,   qu'il avertiroit, ou qu'il avertit.
Plur.   Mon-eremus, *nous avertirions, ou que nous avertis-*
       sions.
       Mon-eretis, *vous avertiriez, ou que vous avertissiez,*
       Mon-erent, *ils avertiroient, ou qu'ils avertissent.*

PARFAIT.

Sing.   Mon-uerim,   que j'aye averti, &c.

Le reste pour le *latin*, comme au Futur passé,

PLUSQUE PARFAIT.

Il se forme comme à la première Conjugaison.

Sing.   Mon-uissem,   j'aurois, ou j'eusse averti.
       Mon-uisses,   tu aurois, ou tu eusses averti.
       Mon-uisset,   il auroit, ou il eût averti.
Plur.   Mon-uissemus, *nous aurions, ou nous eussions averti.*
       Mon-uissetis, *vous auriez, ou vous eussiez averti.*
       Mon-uissent, *ils auroient, ou ils eussent avertis.*

INFINITIF. Présent & Imparfait.

Mon-ere,   *avertir.*

Parfait & plusque parfait.

Mon-uiſſe,   *avoir averti.*

FUTUR.

Comme à la premiere Conjugaiſon.

Mon-iturum, mon-ituram eſſe,   *devoir avertir.*

PARTICIPE.   Présent.

Il ſe forme du Préſent, changeant o en ns.

Mon-ens,   *avertiſſant.*

FUTUR.

Comme à la premiere Conjugaiſon.

Mon-iturus, ra, rum,   *devant avertir.*

SUPIN.

Mon-itum,   *à avertir.*

GÉRONDIFS.

Il ſe forment du Préſent, en changeant o en ndi, ndo, ndum.

Mon-endi,	*d'avertir.*
Mon-endo,	*en avertiſſant.*
Mon-endum,	*à avertir, ou pour avertir.*

PASSIF.

Tous les temps de ce paſſif ſe forment comme à la premiére.

INDICATIF. Présent.

Sing.	**M**oneor,	*je ſuis averti.*
	Mon-eris *ou* mon-ere,	*tu es avertis.*
	Mon-etur,	*il eſt averti.*
Plur.	Mon-emur,	*nous ſommes avertis.*
	Mon-emini,	*vous êtes avertis.*
	Mon-entur,	*ils ſont avertis.*

IMPARFAIT.

Sing. Mon-ebar,   *j'étois averti.*

Mon-ebaris,   *tu étois averti.*
Mon-ebatur,   *il étoit averti.*

Plur. Mon-ebamur, *nous étions avertis.*
Mon-ebamini,   *vous étiez avertis.*
Mon-ebantur,   *ils étoient avertis.*

PARFAIT.

Sing. Mon-itus fum *ou* fui, *je fus, ou j'ai été averti.* &c.

Plur. Mon-iti fumus *ou* fuimus, *nous fumes, ou nous avons été avertis,* &c.

PLUSQUE PARFAIT.

Sing. Mon-itus eram *ou* fueram, *j'avois été averti,*

Plur. Mon-iti eramus *ou* fueramus, *nous avions été avertis,*

FUTUR.

Sing. Mon-ebor,   *je ferai averti.*
Mon-eberis,   *tu feras averti.*
Mon-ebitur.   *il fera averti.*

Plur. Mon-ebimur, *nous ferons avertis.*
Mon-ebimini,   *vous ferez avertis.*
Mon-ebuntur,   *ils feront avertis.*

FUTUR PASSÉ.

Sing. Mon-itus ero *ou* fuero, *j'aurai été averti,* &c.

Plur. Mon-iti erimus *ou* fuerimus, *nous aurons été avertis.*

IMPÉRATIF.

Sing. Mon-ere *ou* mon-etor, *fois averti.*
Mon-etor,   *qu'il foit averti.*

Plur. Mon-eamur, *foyons avertis.*
Mon-emini,   *foyez avertis.*
Mon-entor,   *qu'ils foient avertis.*

SUBJONCTIF. PRÉSENT.

Sing. Mon-ear,   *que je fois averti.*
Mon-earis,   *que tu fois averti.*
Mon-eatur,   *qu'il foit averti.*

Plur. Mon-eamur, *que nous foyons avertis.*
Mon-eamini,   *que vous foyez avertis.*
Mon-eantur,   *qu'ils foient avertis.*

IMPARFAIT.

Sing. Mon-erer,   *je fuſſe, ou je ſerois averti.*
        Mon-ereris,   *tu fuſſes, ou tu ſerois averti.*
        Mon-eretur,   *il fût, ou il ſeroit averti.*

Plur. Mon-eremur, *nous fuſſions, ou nous ſerions avertis.*
        Mon-eremini, *vous fuſſiez, ou vous ſeriez avertis.*
        Mon-erentur, *ils fuſſent, ou ils ſeroient avertis.*

PARFAIT.

Sing. Mon-itus ſim *ou* fuerim,   *j'aye été averti,* &c.
Plur. Mon-iti ſimus *ou* fuerimus, *nous ayons été avertis.*

PLUSQUE PARFAIT.

Sing. Mon-itus eſſem *ou* fuiſſem, *j'euſſe, ou j'aurois été averti*, &c.

Plur. Mon-iti eſſemus *ou* fuiſſemus, *nous euſſions, ou nous aurions été avertis.*

INFINITIF. PRÉSENT & IMPARFAIT.

     Mon-eri,   *être averti.*

PARFAIT & PLUSQUE PARFAIT.

Mon-itum, mon-itam, eſſe *ou* fuiſſe, *avoir été averti.*

FUTUR.

Mon-itum iri, *ou* mon-endum, dam eſſe, *devoir être averti.*

FUTUR PASSÉ.

Mon-endum, mon-endam fuiſſe,   *avoir dû être averti.*

PARTICIPE. PRÉSENT & PASSÉ.

Mon-itus, ta, tum,   *averti ou ayant été averti.*

FUTUR.

Mon-endus, da, dum,   *devant être averti.*

SUPIN.

     Mon-itu,   *à être averti.*

TROISIÈME CONJUGAISON.

INDICATIF   PRÉSENT.

Sing.   INTELLIGO,   *je conçois.*
Intellig-is,   *tu conçois.*
Intellig-it,   *il conçoit.*

Plur.   Intellig-imus,   *nous concevons.*
Intellig-itis,   *vous concevez.*
Intellig-unt,   *ils conçoivent.*

IMPARFAIT.

Il se forme du Présent, en changeant o en ebam.

Sing.   Intellig-ebam,   *je concevois.*
Intellig-ebas,   *tu concevois.*
Intellig-ebat,   *il concevoit.*

Plur.   Intellig-ebamus,   *nous concevions.*
Intellig-ebatis,   *vous conceviez.*
Intellig-ebant,   *ils concevoient.*

PARFAIT.

Sing.   Intell-exi,   *j'ai conçu, ou je conçus.*
Intell-exifti,   *tu as conçu, ou tu conçus.*
Intell-exit,   *il a conçu, ou il conçut.*

Plur.   Intell-eximus,   *nous avons conçu, ou nous conçumes.*
Intell-exiftis,   *vous avez conçu, ou vous conçutes.*
Intell-exerunt,   *ils ont conçu, ou ils conçurent.*

PLUSQUE PARFAIT.

Il se forme comme aux autres Conjugaisons.

Sing.   Intell-exeram,   *j'avois conçu.*
Intell-exeras,   *tu avois conçu.*
Intell-exerat,   *il avoit conçu.*

Plur.   Intell-exeramus,   *nous avions conçu.*
Intell-exeratis,   *vous aviez conçu.*
Intell-exerant,   *ils avoient conçu.*

FUTUR.

Il se forme du Présent, en changeant o en am.

Sing.	Intellig-am,	*je concevrai.*
	Intellig-es,	*tu concevras.*
	Intellig-et,	*il concevra.*
Plur.	Intellig-emus,	*nous concevrons.*
	Intellig-etis,	*vous concevrez.*
	Intellig-ent,	*ils concevront.*

FUTUR PASSÉ.

Il se forme comme aux autres Conjugaisons.

Sing.	Intell-exero,	*j'aurai conçu.*
	Intell-exeris,	*tu auras conçu.*
	Intell-exerit,	*il aura conçu.*
Plur.	Intell-exerimus,	*nous aurons conçu.*
	Intell-exeritis,	*vous aurez conçu.*
	Intell-exerint,	*ils auront conçu.*

IMPÉRATIF.

Il se forme comme aux autres Conjugaisons.

Sing.	Intellig-e *ou* intelligito,	*conçois.*
	Intellig-ito,	*qu'il conçoive.*
Plur.	Intellig-amus, *	*concevons.*
	Intellig-ite *ou* intelligitote,	*concevez.*
	Intellig-unto,	*qu'ils conçoivent.*

* Les verbes en *io* font *iamus* à la première personne, & *iunto* à la troisième.

SUBJONCTIF. PRÉSENT.

Il se forme comme le Futur.

Sing.	Intellig-am,	*que je conçoive.*
	Intellig-as,	*que tu conçoives.*
	Intellig-at,	*qu'il conçoive.*
Plur.	Intellig-amus,	*que nous concevions.*
	Intellig-atis,	*que vous conceviez.*
	Intellig-ant,	*qu'ils conçoivent.*

IMPARFAIT.

Il se forme comme aux autres Conjugaisons.

Sing.	Intellig-erem,	*je concevrois.*

Intellig-eres,   *tu concevrois.*
Intellig-eret,   *il concevroit.*

Plur. Intellig-eremus,   *nous concevrions.*
Intellig-eretis,   *vous concevriez.*
Intellig-erent,   *ils concevroient.*

PARFAIT.

Il se forme comme aux autres Conjugaisons.

Sing. Intell-exerim,   *j'aye conçu*, &c.
Le reste pour le *latin*, comme au Futur passé.

PLUSQUE PARFAIT.

Il se forme comme aux autres Conjugaisons.

Sing. Intell-exissem,   *j'eusse*, ou *j'aurois conçu.*
Intelle-xisses,   *tu eusses*, ou *tu aurois conçu.*
Intell-exisset,   *il eût*, ou *il auroit conçu.*

Plur. Intell-exissemus, *nous eussions*, ou *nous aurions conçu.*
Intell-exissetis, *vous eussiez*, ou *vous auriez conçu.*
Intell-exissent, *ils eussent*, ou *ils auroient conçu.*

INFINITIF PRÉSENT & IMPARFAIT.

Intellig-ere,   *concevoir.*

PARFAIT & PLUSQUE PARFAIT.

Intell-exisse,   *avoir conçu.*

FUTUR.

Intell-ecturum, ram esse,   *devoir concevoir.*

FUTUR PASSÉ.

Intell-ecturum, ram fuisse,   *avoir dû concevoir.*

GÉRONDIFS.

Ils se forment du Présent, en changeant o *en endi, endo, endum.*

Intellig-endi,   *de concevoir.*
Intellig-endo,   *en concevant.*
Intelligendum,   *à concevoir* ou *pour concevoir.*

PARTICIPES. PRÉSENT.

Il se forme du présent, en changean o *en ens.*

Intellig-ens,   *concevant.*

FUTUR.

Il se forme comme aux autres Conjugaisons.

Intell-ecturus, a, um,   *devant concevoir.*

SUPIN.

Intell-ectum,   *à concevoir.*

PASSIF.

INDICATIF.   PRÉSENT.

Sing.	Intelligo-r,	*je suis conçu.*
	Intellig-eris *ou* ere,	*tu es conçu.*
	Intellig-itur,	*il est conçu.*
Plur.	Intellig-imur,	*nous sommes conçus.*
	Intellig-imini,	*vous êtes conçus.*
	Intellig-untur,	*ils sont conçus.*

IMPARFAIT.

Sing.	Intellig-ebar,	*j'étois conçu.*
	Intellig-ebaris,	*tu étois conçu.*
	Intellig-ebatur,	*il étoit conçu.*
Plur.	Intellig-ebamur,	*nous étions conçus.*
	Intellig-ebamini,	*vous étiez conçus.*
	Intellig-ebantur,	*ils étoient conçus.*

PARFAIT.

Sing.	Intell-ectus sum *ou* fui,	*j'ai été conçu,* &c.
Plur.	Intell-ecti sumus *ou* fuimus,	*nous avons été conçus*

PLUSQUE PARFAIT.

Sing.	Intell-ectus eram *ou* fueram,	*j'avois été conçu,* &c.
Plur.	Intell-ecti eramus *ou* fueramus,	*nous avions été conçus.*

FUTUR.

Il se forme du Présent, en changeant or *en* ar.

Sing.	Intellig-ar,	*je serai conçu.*
	Intellig-eris,	*tu seras conçu.*
	Intellig-etur,	*il sera conçu.*

Plur. Intellig-emur,   *nous ferons conçus.*
      Intellig-emini,   *vous ferez conçus.*
      Intellig-entur,   *ils feront conçus.*

FUTUR PASSÉ.

Sing. Intell-ectus ero *ou* fuero, *j'aurai été conçu,* &c.

Plur. Intell-ecti erimus, *ou* fuerimus, *nous aurons été conçus.*

IMPÉRATIF.

Sing. Intellig-ere,   *fois conçu.*
      Intellig-itor,   *qu'il foit conçu.*

Plur. Intellig-amur,*   *foyons conçus.*
      Intellig-imini,   *foyez conçus.*
      Intellig-untor,   *qu'ils foient conçus.*

* Les verbes en *io* font *iamur* à la première perfonne, & *iuntor* à la troifième.

SUBJONCTIF. PRÉSENT.

Sing. Intellig-ar,   *que je fois conçu.*
      Intellig-aris,   *que tu fois conçu.*
      Intellig-atur,   *qu'il foit conçu.*

Plur. Intellig-amur,   *que nous foyons conçus.*
      Intellig-amini,   *que vous foyez conçus.*
      Intellig-antur,   *qu'ils foient conçus.*

IMPARFAIT.

Sing. Intellig-erer,   *je fuffe,* ou *je ferois conçu.*
      Intellig-ereris,   *tu fuffes,* ou *tu ferois conçu.*
      Intellig-eretur,   *il fût,* ou *il feroit conçu.*

Plur. Intellig-eremur, *nous fuffions,* ou *nous ferions conçus.*
      Intellig-eremini, *vous fuffiez,* ou *vous feriez conçus.*
      Intellig-erentur, *ils fuffent,* ou *ils feroient conçus.*

PARFAIT.

Sing. Intell-ectus fim *ou* fuerim, *j'aye été conçu,* &c.

Plur. Intelle-cti fimus *ou* fuerimus, *nous ayons été conçus.*

PLUSQUE PARFAIT.

Sing. Intell-ectus effem *ou* fuiffem, *j'euffe,* ou *j'aurois été conçu,* &c.

Plur. Intell-ecti essemus *ou* fuissemus, *nous eussions,* ou *nous aurions été conçus.*

INFINITIF. Présent & Imparfait.

Intellig-i, *être conçu.*

Parfait & Plusque parfait.

Intell-ectum, ram esse *ou* fuisse, *avoir été conçu.*

Futur.

Intell-ectum iri, *ou* intellig-endum, dam esse, *devoir être conçu.*

Futur passé.

Intellig-endum, dam fuisse, *avoir dû être conçu.*

PARTICIPES. Présent & Passé.

Intell-ectus, ta, tum, *conçu, ayant été conçu.*

Futur.

Intellig-endus, da, dum, *devant être conçu.*

Supin.

Intelle-ctu, *à être conçu.*

QUATRIÈME CONJUGAISON.

Actif.

INDICATIF. Présent.

Sing. Audio, *j'entends.*
Aud-is, *tu entends.*
Aud-it, *il entend.*
Plur. Aud-imus, *nous entendons.*
Aud-itis, *vous entendez.*
Aud-iunt, *ils entendent.*

IMPARFAIT.

Il se forme comme à la troisième Conjugaison.

Sing. Aud-iebam, *j'entendois.*
Aud-iebas, *tu entendois.*
Aud-iebat, *il entendoit.*

Plur. Aud-iebamus ,   *nous entendions.*
Aud-iebatis ,   *vous entendiez.*
Aud-iebant,   *ils entendoient.*

PARFAIT.

Sing. Aud-ivi ,   *j'ai entendu , ou j'entendis.*
Aud-ivifti ,   *tu as entendu ,* ou *tu entendis.*
Aud-ivit,   *il a entendu ,* ou *il entendit.*

Plur. Aud-ivimus , *nous avons entendu ,* ou *nous enten-
dimes.*
Aud-iviftis , *vous avez entendu ,* ou *vous entendites.*
Aud-iverunt , *ils ont entendu ,* où *ils entendirent.*

Au parfait & aux temps qui en font formés, quelquefois on retranche le *v*, ainfi on dit : *Audi-i , Audi-ero , &c.*

PLUSQUE PARFAIT.

Il fe forme comme dans les autres Conjugaifons.

Sing. Aud-iveram ,   *j'avois entendu.*
Aud-iveras,   *tu avois entendu.*
Aud-iverat,   *il avoit entendu.*

Plur. Aud-iveramus ,   *nous avions entendu.*
Aud-iveratis ,   *vous aviez entendu.*
Aud-iverant,   *ils avoient entendu.*

FUTUR.

Il se forme comme à la troifieme Conjugaifon.

Sing. Aud-iam,   *j'entendrai.*
Aud-ies ,   *tu entendras.*
Aud-iet,   *il entendra.*

Plur. Aud-iemus ,   *nous entendrons.*
Aud-ietis ,   *vous entendrez,*
Aud-ient,   *ils entendront.*

FUTUR PASSÉ.

Il fe forme comme dans les autres Conjugaifons.

Sing. Aud-ivero,   *j'aurai entendu.*
Aud-iveris,   *tu auras entendu.*
Aud-iverit,   *il aura entendu.*

Plur. Aud-iverimus,   *nous aurons entendu.*
Aud-iveritis ,   *vous aurez entendu.*

Aud-iverint,   *ils auront entendu.*

IMPÉRATIF.

Il se forme comme aux autres Conjugaisons.

Sing. Aud-i ou aud-ito ,   *entends.*
       Aud-ito ,   *qu'il entende.*
Plur. Aud-iamus,   *entendons.*
       Aud-ite ou itote ,   *entendez.*
       Aud-iant,   *qu'ils entendent.*

SUBJONCTIF. PRÉSENT.

Il se forme comme aux seconde & troisième Conjugaisons.

Sing. Aud-iam,   *que j'entende.*
       Aud-ias,   *que tu entendes.*
       Aud-iat ,   *qu'il entende.*

Plur. Aud-iamus,   *que nous entendions.*
       Aud-iatis,   *que vous entendiez.*
       Aud-iant,   *qu'ils entendent.*

IMPARFAIT.

Il se forme comme à toutes les autres Conjugaisons.

Sing. Aud-irem,   *j'entendrois , ou j'entendisse.*
       Aud-ires,   *tu entendrois, ou tu entendisses.*
       Aud-iret,   *il entendroit , ou il entendit.*

Plur. Aud-iremus, *nous entendrions , ou nous entendis-*
       sions.
       Aud-iretis, *vous entendriez , ou vous entendissiez.*
       Aud-irent, *ils entendroient , ou ils entendissent.*

PARFAIT.

Il se forme comme à toutes les autres Conjugaisons.

Sing. Aud-iverim,   *j'aye entendu, &c.*

Le reste pour le *latin*, comme au Futur passé.

PLUSQUE PARFAIT.

Il se forme comme à toutes les autres Conjugaisons.

Sing. Aud-ivissem ,   *j'eusse , ou j'aurois entendu.*
       Aud-ivisses ,   *tu eusses , ou tu aurois entendu.*
       Aud-ivisset ,   *il eût , ou il auroit entendu.*

Plur. Aud-iviſſemus, *nous euſſions,* ou *nous aurions entendu.*

Aud-iviſſetis, *vous euſſiez,* ou *vous auriez entendu.*

Aud-iviſſent, *ils euſſant,* ou *ils auroient entendu.*

INFINITIF. Présent & Imparfait.

Aud-ire,   *entendre.*

Parfait & Plusque parfait.

Il ſe forme comme à toutes les autres Conjugaiſons.

Aud-iviſſe,   *avoir entendu.*

Futur.

Aud-iturum, ram eſſe,   *devoir entendre.*

Futur passé.

Aud-iturum, ram fuiſſe, *avoir dû entendre.*

Gérondifs.

Ils ſe forment comme à la troiſiéme Conjugaiſons.

Aud-iendi,   *d'entendre.*

Aud-iendo,   *en entendant.*

Aud-iendum,   *à entendre* ou *pour entendre.*

PARTICIPES. Présent & Passé.

Il ſe forme comme à la troiſiéme Conjugaiſon.

Aud-iens,   *entendant.*

Futur.

Il ſe forme comme aux autres Conjugaiſons.

Aud-iturus, ra, rum,   *devant entendre.*

Supin.

Aud-itum,   *pour entendre.*

LE PASSIF.

INDICATIF Présent.

Il ſe forme du préſent, en ajoutant r.

Sing. AUDI-OR,   *je ſuis entendu.*

Aud-iris *ou* ire,   *tu es entendu.*

       Aud-itur,

Aud-itur,   *il est entendu.*

Plur. Aud-imur,   *nous sommes entendus.*
Aud-imini,   *vous êtes entendus.*
Aud-iuntur,   *ils sont entendus.*

IMPARFAIT.

Sing. Aud-iebar,   *j'étois entendu.*
Audi-ebaris,   *tu étois entendu.*
Aud-iebatur,   *il étoit entendu.*

Plur. Aud-iebamur,   *nous étions entendus.*
Aud-iebamini,   *vous étiez entendus.*
Aud-iebantur,   *ils étoient entendus.*

PARFAIT.

Sing. Aud-itus sum *ou* fui, *j'ai été,* ou *je fus entendu,* &c.

Plur. Aud-iti sumus *ou* fuimus, *nous avons été,* ou *nous fumes entendus,* &c.

PLUSQUE PARFAIT.

Sing. Aud-itus eram *ou* fueram, *j'avois été entendu,* &c.

Plur. Aud-iti eramus *ou* fueramus, *nous avions été entendus,* &c.

FUTUR.

Il se forme comme à la troisième Conjugaison.

Sing. Aud-iar,   *je serai entendu.*
Aud-ieris,   *tu seras entendu.*
Aud-ietur,   *il sera entendu.*

Plur. Aud-iemur,   *nous serons entendus.*
Aud-iemini,   *vous serez entendus.*
Aud-ientur,   *ils seront entendus.*

FUTUR PASSÉ.

Sing. Aud-itus ero *ou* fuero, *j'aurai été entendu,* &c.

Plur. Aud-iti erimus *ou* fuerimus, *nous aurons été entendus,* &c.

IMPÉRATIF.

Sing. Aud-ire *ou* aud-itor, *sois entendu.*
Aud-itor,   *qu'il soit entendu.*

D

Plur.	Aud-iamur,	*foyons entendus.*
	Aud-iamini,	*foyez entendus.*
	Aud-iuntor,	*qu'ils foient entendus.*

SUBJONCTIF. PRÉSENT.

Sing.	Aud-iar,	*que je fois entendu.*
	Aud-iaris,	*que tu fois entendu.*
	Aud-iatur,	*qu'il foit entendu.*
Plur.	Aud-iamur,	*que nous foyons entendus.*
	Aud-iamini,	*que vous foyez entendus.*
	Aud-iantur,	*qu'ils foient entendus.*

IMPARFAIT.

Sing.	Aud-irer,	*je fuffe, ou je ferois entendu.*
	Aud-ireris,	*tu fuffes, ou tu ferois entendu.*
	Aud-iretur,	*il fût, ou il feroit entendu.*
Plur.	Aud-iremur,	*nous fuffions, ou nous ferions entendus.*
	Aud-iremini,	*vous fuffiez, ou vous feriez entendus.*
	Aud-irentur,	*ils fuffent, ou ils feroient entendus.*

PARFAIT.

Sing.	Aud-itus fim *ou* fuerim,	*j'aye été entendu,* &c.
Plur.	Aud-iti fimus *ou* fuerimus,	*nous ayons été entendus,* &c.

PLUSQUE PARFAIT.

Sing.	Aud-itus effem *ou* fuiffem,	*j'euffe, ou j'aurois été entendu,* &c.
Plur.	Aud-iti effemus, *ou* fuiffemus,	*nous euffions, ou nous aurions été entendus,* &c.

INFINITIF. PRÉSENT & IMPARFAIT.

Aud-iri,   *être entendu.*

PARFAIT & PLUSQUE PARFAIT.

Aud-itum, tam, effe *ou* fuiffe, *avoir été entendu.*

FUTUR.

Aud-itum iri *ou* audiendum, dam esse, *devoir être entendu.*

FUTUR PASSÉ.

Aud-iendum, dam fuisse, *avoir dû être entendu*

PARTICIPE. PRÉSENT. & PARFAIT.

Aud-itus, ta, tum, *entendu, ayant été entendu*

FUTUR.

Aud-iendus, da, dum, *devant être entendu*

SUPIN.

Aud-itu, *à être entendu.*

Il ne faut pas croire que les conjugaisons latines & françaises se correspondent ainsi, c'est-à-dire, qu'un verbe français de la première, soit toujours rendu par un verbe latin de la première, & ainsi des autres. Les verbes ci-dessus ont été choisis, pour donner à la fois un exemple de la manière de conjuguer, usitée chez les Français & les Latins.

REGLES

Pour trouver l'Indicatif présent par le Parfait.

1. Les Parfaits en *avi*, ne peuvent causer aucune difficulté. Ils viennent des Verbes de la première conjugaison, qui change *o* en *avi*.

Excepté *stravi* dont l'Indicatif présent est *sterno*, *sternis* j'étends.

2. On trouve des Verbes qui répétent à-peu-près une de leurs syllabes. Pour avoir le Présent, il faut supprimer une fois ce qui est répété. De-*didi*, De-do, je livre. Spopo-ndi, spondeo, je promets. *Momo-rdi*, mordeo, je mords. Souvent après cette suppression, il faut changer une des lettres qui restent : Fe-*felli*, FA-llo, je trompe, L'usage apprendra cette

exception, & quelques autres qui regardent cette regle.

3. Beaucoup de Verbes changent en *i* ou *ui*, leur Préſent terminé en o, EO & IO. Reſpond-*i*, reſpon-DEO, je réponds. Leg-*i*, Leg-o, je lis. Dom-*ui*, Dom-o, je dompte. Doc-*ui*, Doc-EO, j'enſeigne : Rap-*ui*, Rap-IO, j'enlève.

4. D'autres, Parfait en *vi* ou *ivi*, ont o ou SCO. Pet-*ivi*, Pet-o, je demande. Fle-*vi*, Fle-o, je pleure. No-*vi*, No-SCO, je connois.

5. Il y a pluſieurs parfaits en *di*, qui d'après la regle troiſième, viennent des verbes en DO; mais il faut quelquefois mettre une N avant *di*, pour former le Préſent : Fu-*di*. FuN-do, je répands, Tutu-*di*, tuN-do, je bats. F-*idi*, FiN-do, je fends.

6. Le Parfait en *eci* a le préſent en ACIO, ICIO : F-*eci*, F-ACIO, je fais. J-*eci*, J-ACIO, je jette. Per-*feci*, Per-FICIO, j'acheve.

7. *Egi*   -   -   AGO, ANGO, IGO, INGO.
Sat-*egi*, Sat-AGO, j'ai ſoin. Ex-*egi*, ex-IGO, j'exige. F-*regi*, F-RANGO; Perf-*regi*, Perf-RINGO, je briſe.

8. *Epi*,   -   -   -   APIO, IPIO.
C-*epi*, Ca-PIO, je prends. Præ-*cepi*, Præ-CIPIO, j'ordonne.

9. *Exi*,   v. regle 14.   IGO, ICIO, GO.
Dil-*exi*, Dil-IGO, je chéris. Aſp-*exi*, Aſp-ICIO, je regarde. Perr-*exi*, Per-GO, j'avance.

10. *Igi*   -   -   -   ANGO, INGO.
Te-*tigi*, T-ANGO, je touche. Att-*igi*, att-INGO, j'atteins.

11. *Pſi*,   -   -   BO, PO, O.
Scri-*pſi*, Scri-BO, j'écris. Scul-*pſi*, Scul-PO, je ſculpte; Sum-*pſi*, Sum-o, je prends.

12. *Si* ou *ſſi*. DO, DEO, CIO, TIO, GEO, GO, MO, RO, TO, QUEO.
Lu-*ſi*, Lu-DO, je joue. Ce-*ſſi*, Ce-DO, je céde. Ri-*ſi*, Ri-DEO, je ris. Ful-*ſi*, Ful-*cio*, je ſoutiens. Sen-*ſi*, Sen-TIO, je ſens. Indul-*ſi*, indul-GEO, je fais grace. Ter-*ſi*, Ter-GO, j'eſſuie. Pre-*ſſi*, Pre-MO, j'opprime. Ge-*ſſi*, Ge-RO, je porte. Mi-*ſi*, Mi-TTO, j'envoie. Contor-*ſi*, contor-QUEO, je lance.

13. *Uli*   -   r   -   ELLO, OLLO.

Comp-*uli*, Comp-ELLO., je pouſſe. Suſ-*tuli*, Suſ-TOLLO, je ſoulève.

14. *Xi* - - CEO, CO, CIO, CTO, GEO, GO, HO, O.
Lu-*xi*, Lu-CEO, je luis, *ou* lu-GEO, je pleure. Di-
XI, Di-CO, je dis. Fi-*xi*, Fi-GO, j'attache. San-*xi*,
San-CIO, je confirme. Fle-*xi*, Fle-CTO, je fléchis.
Tra-*xi*, Tra-HO, je traine. Flu-*xi*, Flu-O, je coule.

Il y a des Exceptions que l'uſage apprendra.

REGLES
Pour trouver l'Indicatif préſent par le Supin.

On ſait que tous les temps d'un Verbe ſe forment du Préſent, du Parfait & du Supin, auxquels on ajoute l'Infinitif. *v. p. 28.*

Les ſupins ſe forment ordinairement du Parfait en changeant la dernière ou les deux dernières ſyllabes en *tum*, *ſum*, ou ſeulement *um*.
Voici des Regles plus détaillées.

Il n'y a preſque jamais d'embarras pour les Supins en
atum, *itum*, *etum*. Il changent ces finales en O, EO, IO.
Ceux en *xum* ont le Parfait en - - XI.
Ceux en *ſum* ont le Parfait en - DI ou en SI.
Ctum annonce un Parfait en - - - XI.
Ceux en *actum* ont au Préſent, AGO, ANGO, IGO, INGO.
ACIO.

A-*ctum*, AGO, j'agis. P-*actum*, P-ANGO, j'attache.
Red-*actum*, Red-IGO, je réduis. Perfr-ACTUM, per-
fr-INGO, je briſe. F-*actum*, F-ACIO, je fais.
Elſum & *Ulſum*, - - - ELLO.
Præc-*elſum*, præc-ELLO, je l'emporte. Av-*ulſum*, Av-*ello*,
j'enleve.
Ultum, - - - OLO, ILIO.
Cultum, C-OLO, je cultive. Aſſ-*ultum*, Aſſ-ILIO, je ſaute.
Ptum, - PIO, & les verbes de la 11ᵉ. regle.
R-*aptum*, R-APIO, j'enleve, &c.

Il y a des Exceptions que l'uſage apprendra.

Les Supins ne gardent point le redoublement du Parfait.
Ton-deo, je tonds. Parfait, To-*tondi*. Supin, Tonſum.

DÉPONENTS. (*v. p. 23.*)

Les Déponents se conjuguent comme le Passif de la conjugaison de laquelle ils dépendent.

PREMIÈRE CONJUGAISON.

INDICATIF.   PRÉSENT.

Sing. **P**REC-OR,   *je prie.*
     Prec-aris *ou* Pre-care,   *tu pries*, &c.

INFINITIF.

    Pre-cari,   *prier.*

   Comme tous les Déponents, il a : DEUX SUPINS.

    Prec-atum,   *à prier.*
    Pre-catu,   *à être prié.*

LES TROIS GÉRONDIFS.

    Pre-candi,   *de prier.*
    Prec-ando,   *en priant.*
    Prec-andum,   *à* ou *pour prier.*

TROIS PARTICIPES. *v. p. 24.*

Préf.   Prec-ans,   *priant.*
Passé. Prec-atus, a, um,   *ayant prié.*
Futur. Prec-aturus, ra, rum,   *devant prier.*

Il y ajoute le FUTUR PASSIF, *ce qui n'est propre qu'à quelques-uns.*

Prec-andus, a, um,   *devant être prié.*

SECONDE CONJUGAISON.

INDICATIF.   PRÉSENT.

Sing. **P**OLLI-CEOR,   *je promets.*
    Polli-ceris *ou* polli-cere,   *tu promets,* &c.

INFINITIF.

Polli-ceri,   promettre.

Comme tous les autres Déponents il a : DEUX SUPINS.

Polli-citum,   à promettre.
Polli-citu,   à être promis.

LES TROIS GÉRONDIFS.

Polli-cendi,   de promettre.
Polli-cendo,   en promettant.
Polli-cendum,   à ou pour promettre.

TROIS PARTICIPES.

Préf. Polli-cens,   promettant.
Paff. Polli-citus, a, um,   ayant promis.
Futur. Polli-citurus, ra, rum,   devant promettre.

TROISIÈME CONJUGAISON.

INDICATIF PRÉSENT.

Sing. SE-QUOR,   je fuis.
Se-queris *ou* fe-quere,   tu fuis. &c.

INFINITIF.

Se-qui,   Suivre.

Comme les autres Déponents il a : DEUX SUPINS.

Se-cutum,   à fuivre.
Se-cutu,   à être fuivi.

LES TROIS GÉRONDIFS.

Se-quendi,   de fuivre.
Se-quendo,   en fuivant.
Se-quendum,   à ou pour fuivre.

TROIS PARTICIPES.

Préf. Se-quens,   fuivant.
Paff. Se-cutus, a, um,   ayant fuivi.
Futur. Se-cuturus, ra, rum,   devant fuivre.

Il y ajoute le FUTUR PASSIF, *ce qui n'est propre qu'à quelques-uns.*

Se-quendus, a, um,   devant être fuivi.

D 4

QUATRIÈME CONJUGAISON.

INDICATIF. PRÉSENT.

MET-IOR,   je mesure.
Met-iris *ou* metire,   tu mesures.

INFINITIF.

Met-iri,   mesurer.

Comme les autres Déponents, il a: DEUX SUPINS.

Men-sum,   à mesurer.
Men-su,   à être Mesuré.

LES TROIS GÉRONDIFS.

Met-iendi,   de mesurer.
Met-iendo,   en mesurant.
Metien-dum,   à ou *pour* mesurer.

TROIS PARTICIPES.

Prés. Met-iens,   mesurant.
Passé. Men-sus,   ayant mesuré.
Futur. Men-surus, a, um,   devant mesurer.

Il y ajoute le FUTUR PASSIF, qui n'est propre qu'à quelques-uns.

Met-iendus, a, um,   devant être mesuré.

VERBES IRRÉGULIERS,

C'est-à-dire, qui ne suivent pas toutes les régles des Conjugaisons auxquels ils ont rapport.

FERO. de la troisième Conjugaison.

A C T I F.

INDICATIF. PRÉSENT.

Sing. FER-O,   je porte. —
Fer-s,   tu portes.
Fer-t,   il porte.

Plur. Fer-imus,   *nous portons.*
Fer-tis,   *vous portez.*
Fer-unt,   *ils portent.*

IMPARFAIT.

Fer-ebam,   *je portois, &c.*

PARFAIT.

Tul-i,   *j'ai porté* ou *je portai, &c.*

PLUSQUE PARFAIT.

Tul-eram,   *j'avois porté, &c.*

FUTUR.

Fer-am,   *je porterai, &c.*

FUTUR PASSÉ.

Tul-ero,   *j'aurai porté, &c.*

IMPÉRATIF.

Sing. Fer * *ou* fer-to, *porte.*   * Il devroit avoir *Fere* ;
Fer-to,   *qu'il porte.* mais il fuprime l'*e*, ainfi que
les verbes *Dico, Duco, Facio.*

Plur. Fer-amus,   *portons.*
Fer-te *ou* fertote,   *portez.*
Fer-unto,   *qu'ils portent.*

SUBJONCTIF. PRÉSENT.

Fer-am,   *que je porte, &c.*

IMPARFAIT.

Fer-rem,   *je porterois* ou *je portaffe, &c.*

PARFAIT.

Tul-erim,   *j'ai porté, &c.*

PLUSQUE PARFAIT.

Tul-iffem,   *j'aurois* ou *j'euffe porté, &c.*

INFINITIF. PRÉSENT & IMPARFAIT.

Fer-re,   *porter.*

PARFAIT & PLUSQUE PARFAIT.

Tul-iffe,   *avoir porté.*

FUTUR.

Lat-urum, ram effe,   *devoir porter.*

FUTUR PASSÉ.

Lat-urum, ram fuiffe,   *avoir dû porter.*

GÉRONDIFS.

Fer-endi,   *de porter.*
Fer-endo,   *en portant,*
Fer-endum,   *à porter,* ou *pour porter.*

PARTICIPES.   PRÉSENT.

Fer-ens,   *portant.*

FUTUR.

Lat-urus, a, um,   *devant porter.*

SUPIN.

Lat-um,   *à porter.*

PASSIF.

INDICATIF.   PRÉSENT.

Sing.   FERO-R,   *je fuis porté.*
Fer-ris *ou* fer-re,   *tu es porté.*
Fer-tur,   *il eft porté.*

Plur. Fer-imur,   *nous fommes portés.*
Fer-imini,   *vous êtes portés.*
Fer-untur,   *ils font portés.*

IMPARFAIT.

Fer-ebar,   *j'étois porté,* &c.

PARFAIT.

Lat-us fum *ou* fui,   *j'ai été,* ou *je fus porté,* &c.

PLUSQUE PARFAIT.

Lat-us eram *ou* fueram;   *j'avois été porté,* &c.

FUTUR.

Fer-ar,   *je ferai porté.* &c.

FUTUR PASSÉ.

Lat-us ero *ou* fuero,   *j'aurai été porté,* &c.

IMPÉRATIF.

Sing. Fer-re *ou* fer-tor,   *fois porté.*

Fer-tor,   qu'il foit porté.

Plur. Fer-amur,   foyons portés.

Fe-r-imini,   foyez portés.

Fer-untor,   qu'ils foient portés.

SUBJONCTIF. PRÉSENT.

Fer-ar,   que je fois porté, &c.

IMPARFAIT.

Fer-rer,   je fuffe, ou je ferois porté, &c.

PARFAIT.

Lat-us fim *ou* fuerim,   j'aye été porté, &c.

PLUSQUE PARFAIT.

Lat-us effem *ou* fuiffem,   j'euffe ou j'aurois été porté, &c.

INFINITIF. PRÉSENT & IMPARFAIT.

Fer-ri,   être porté.

PARFAIT & PLUQUE PARFAIT.

Lat-um, tam effe *ou* fuiffe,   avoir été porté, &c.

FUTUR.

Lat-um iri, *ou* Fer-endum, dam effe,   devoir être porté.

FUTUR PASSÉ.

Fer-endum, dam fuiffe,   avoir dû être porté.

PARTICIPES. PASSÉ.

Lat-us, ta, tum,   porté, ou ayant été porté.

FUTUR.

Fer-endus, da, dum,   devant être porté.

SUPIN.

Lat-u,   à être porté.

EO,

Verbe neutre (V. p. 23) *de la* 4. *Conjugaifon.*

INDICATIF. PRÉSENT.

Sing. **E**o,   je vais, ou je vas.

I-s,   tu vas,

I-t   *il va.*

Plur. I-mus,   *nous allons,*
         I-tis ,   *vous allez,*
         E-unt,   *ils vont.*

IMPARFAIT.

I-bam ,   *j'allois* , &c.

PARFAIT.

I-vi ,   *je fuis allé,* ou *j'allai ,* &c.

PLUSQUE PARFAIT.

I-veram,   *j'étois allé.*

Le Futur eft comme à la feconde & à la 1ere. Conjugaifon.

I-bo,   *j'irai,* &c.

FUTUR PASSÉ.

I-vero ,   *j'aurai été,* &c.

IMPÉRATIF.

Sing. I, ou i-to,   *va.*
         I-to,   *qu'il aille.*

Plur. E-amus,   *allons,*
         I-tote ,   *allez,*
         E-unto ,   *qu'ils aillent.*

SUBJONCTIF.   PRÉSENT.

E-am ,   *que j'aille,* &c.

IMPARFAIT.

I-rem,   *j'allaffe,* ou *j'irois,* &c.

PARFAIT.

I-verim,   *je fois allé.*

PLUSQUE PARFAIT.

I-viffem , *je fuffe,* ou *je ferois allé,* &c.

INFINITIF. PRÉSENT & IMPARFAIT.

I-re ,   *aller.*

PARFAIT & PLUSQUE PARFAIT.

I-viffe ,   *être allé.*

FUTUR.

I-turum , ram effe ,   *devoir aller.*

FUTUR PASSÉ.

I-turum, ram fuiffe,   *avoir dû aller.*

GÉRONDIFS.

E-undi,   *d'aller.*
E-undo,   *en allant.*
E-undum,   *à, ou pour aller.*

SUPINS.

I-tum,   *à aller.*
I-tu,   *à être atteint.*

PARTICIPE. PRÉSENT.

I-ens, *genitif*, e-untis,   *allant.*

FUTUR.

I-turus, ra, rum,   *devant aller.*

POSSUM, JE PEUX.

POSSUM *se conjugue comme le verbe* Sum; *seulement il change ses deux* ff *en* T, *presque toutes les fois que les tems de* Sum *commencent par un* e, *& toujours il met le* T *au lieu de* f.

INDICATIF PRÉSENT.

Sing. Poss-um,   *je peux ou je puis.*
Po-tes,   *tu peux.*
Po-teft,   *il peut.*

Plur. Poff-umus,   *nous pouvons,*
Po-teftis,   *vous pouvez,*
Poff-unt,   *ils peuvent.*

IMPARFAIT.

Po-teram,   *je pouvois, &c.*

PARFAIT.

Po-tui,   *j'ai pu, ou je pus, &c.*

PLUSQUE PARFAIT.

Po-tueram,   j'avois pu, &c.

FUTUR.

Po-tero,   je pourrai, &c.

FUTUR PASSÉ.

Po-tuero,   j'aurai pu, &c.

/ Il n'a point d'Impératif.

SUBJONCTIF.   PRÉSENT.

Poff-im,   que je puisse, &c.

IMPARFAIT.

Poff-em,   je pourrois, ou je puffe, &c.

PARFAIT.

Po-tuerim,   j'aye pu, &c.

PLUSQUE PARFAIT.

Po-tuiffem,   j'euffe, ou j'aurois pu, &c.

INFINITIF. PRÉSENT & IMPARFAIT.

Poff-e,   pouvoir.

PARFAIT & PLUSQUE PARFAIT.

Po-tuiffe,   avoir pu.

Celui-ci eft fans participes.

PROSUM *met un* D *après* pro, *toutes les fois
que les tems du verbe* fum *commencent par
un* e.

Pro-fum,   je fuis utile.
Pro-des,   tu es utile, &c.
Pro-deffe,   être utile.

Profum *a un participe, comme* Sum. Profuturus.

FIO, *Verbe neutre.*

INDICATIF.   PRÉSENT.

Sing. Fio,   je deviens.
         F-is,   tu deviens.

Fi-t,   *il devient.*

Plur.   Fi-mus,   *nous devenons.*
       Fi-tis,   *vous devenez.*
       Fi-unt,   *ils deviennent.*

IMPARFAIT.

Fi-ebam,   *je devenois, &c.*

PARFAIT.

Fact-us fum *ou* fui,   *je devins,* ou *je fuis devenu, &c.*

PLUSQUE PARFAIT.

Factus eram *ou* fueram,   *j'étois devenu, &c.*

FUTUR.

Fi-am,   *je deviendrai, &c.*

FUTUR PASSÉ.

Fact-us ero *ou* fuero,   *je ferai devenu, &c.*

IMPÉRATIF.

Sing.   Fi *ou* fi-to,   *deviens.*
       Fi-to,   *qu'il devienne.*
Plur.   Fi-amus,   *devenons.*
       Fi-te, *ou* fi-tote,   *devenez.*
       Fi-unto,   *qu'ils deviennent.*

SUBJONCTIF. PRÉSENT.

Fi-am,   *que je devienne, &c.*

IMPARFAIT.

Fi-erem,   *je deviendrois,* ou *je divinffe, &c.*

PARFAIT.

Fact-us fim *ou* fuerim,   *je fois devenu, &c.*

PLUSQUE PARFAIT.

Fact-us effem *ou* fuiffem, *je fuffe,* ou *je ferois devenu, &c.*

INFINITIF. PRÉSENT & IMPARFAIT.

Fi-eri,   *devenir.*

PARFAIT & PLUSQUE PARFAIT.

Fact-um, tam effe *ou* fuiffe,   *être devenu.*

FUTUR.

Fact-um iri, *ou* faci-endum, dam effe, *devoir devenir.*

FUTUR PASSÉ.

Faciendum, dam fuissé,   *avoir du devenir.*

PARTICIPES. Présent & Passé.

Fact-us, a, um,   *devenu.*

FUTUR.

Fac-iendus, a um,   *devant devenir.*

SUPIN.

Fact-u,   *à devenir.*

FIO *fert aussi de passif à* Facio, *& signifie* je suis fait, *&c.*

VOLO, NOLO, MALO.

INDICATIF.   Présent.

Sing. **V**OLO,   *je veux,*
   Vis,   *tu veux,*
   Vult,   *il veut.*

Plur. Volumus,   *nous voulons,*
   Vultis,   *vous voulez.*
   Volunt,   *ils veulent.*

IMPARFAIT.

Sing. Volebam,   *je voulois, &c.*

PARFAIT.

Volui,   *j'ai voulu,* ou *je voulu, &c.*

PLUSQUE PARFAIT.

Volueram,   *j'avois voulu, &c.*

FUTUR.

Volam,   *je voudrai, &c.*

FUTUR PASSÉ.

Voluero,   *j'aurai voulu, &c.*

Il n'a point d'Impératif.

SUBJONCTIF.   Présent.

Velim (*comme* fim,)   *que je veuille, &c.*

IMPARFAIT.

Vellem,   *je voulusse,* ou *je voudrois.*

PARFAIT.

PARFAIT.

Voluerim,   *j'aye voulu, &c.*

PLUSQUE PARFAIT.

Voluiſſem,   *j'euſſe ou j'aurois voulu.*

INFINITIF. PRÉSENT & IMPARFAIT.

Velle,   *vouloir.*

PARFAIT & PLUSQUE PARFAIT.

Voluiſſe,   *avoir voulu.*

GÉRONDIFS.

Volendi,	*de vouloir.*
Volendo,	*en voulant.*
Volendum,	*à ou pour vouloir.*

PARTICIPE DU PRÉSENT.

Volens,   *voulant.*

Les deux verbes ſuivants, excepté dans les temps qu'on voit ici tout au long, ſe conjuguent comme VOLO, *en changeant la première ſyllabe, l'un en* no *& l'autre en* ma.

NOLO.

INDICATIF. PRÉSENT.

Sing.	Nolo,	*je ne veux pas.*
	Non-vis,	*tu ne veux pas.*
	Non-vult,	*il ne veut pas.*
Plur.	Nolumus,	*nous ne voulons pas.*
	Non-vultis,	*vous ne voulez pas.*
	Nolunt,	*ils ne veulent pas.*

IMPÉRATIF.

Sing.	Noli *ou* nolito.	*ne veuille pas.*
	Nolito,	*qu'il ne veuille pas.*
Plur.	Nolimus,	*ne veuillons pas.*
	Nolite,	*ne veuillez pas.*
	Nolunto,	*qu'ils ne veuillent pas.*

E

INFINITIF. PRÉSENT & IMPARFAIT.

Nolle,   *ne pas vouloir.*

M A L O.

Sing.	Malo,	*j'aime mieux,*
	Mavis,	*tu aime mieux.*
	Mavult,	*il aime mieux.*
Plur.	Malumus,	*nous aimons mieux.*
	Mavultis,	*vous aimez mieux.*
	Malunt,	*ils aiment mieux.*

Il n'a point d'Impératif.

I N F I N I T I F.

Malle, &c.   *aimer mieux.*

V E R B E S   D É F E C T I F S.

Ils font du nombre des irréguliers.

Il y a des Verbes qu'on appelle DÉFECTIFS, *parce qu'il leur manque ou des temps, ou des modes, ou des personnes : comme* MEMINI, *où le Parfait de l'Indicatif, du Subjonctif & de l'Infinitif, a la signification du passé & du présent :* Memini, *je me souviens & je me suis souvenu,* &c. Meminerim, *que je me souvienne & que je me sois souvenu :* Meminisse, *se souvenir & s'être souvenu.* L'Impératif n'a que les deux secondes personnes, Memento, *souviens-toi,* Mementote, *souvenez-vous.* Il en est de même de Cœpi, *je commence,* Novi, *je connois,* &c. *l'usage les apprendra.*

VERBES IMPERSONNELS. (*v. p. 22.*)

Ils font du nombre des Défectifs.

I N D I C A T I F.   P R É S E N T.

Oportet,   *il faut.*

IMPARFAIT.

Oportebat,   *il falloit.*

PARFAIT.

Oportuit,   *il a fallu* ou *il fallut.*

PLUSQUE PARFAIT.

Oportuerat,   *il avoit fallu.*

FUTUR.

Oportebit,   *il faudra.*

FUTUR PASSÉ.

Oportuerit,   *il aura fallu.*

SUBJONCTIF.   PRÉSENT.

Oporteat,   *qu'il faille.*

IMPARFAIT.

Oporteret,   *il fallût*, ou *il faudroit.*

PARFAIT.

Oportuerit,   *il ait fallu.*

PLUSQUE PARFAIT.

Oportuisset,   *il eût fallu.*

INFINITIF. PRÉSENT & IMPARFAIT.

Oportere,   *falloir.*

PARFAIT & PLUSQUE PARFAIT.

Oportuisse,   *avoir fallu.*

Les suivants sont impersonnels, mais ils ne le sont pas dans notre langue ; leur nominatif français se met à l'accusatif en latin.

Me pudet,	*j'ai honte.*
Me piget,	*je suis fâché.*
Me pœnitet,	*je me repens.*
Me miseret,	*j'ai pitié.*
Me tædet,	*je m'ennuie.*

Ils se conjuguent sur oportet.

Tous ces verbes tiennent la place du verbe *Tenet* & d'un nominatif, c'est pourquoi ils

E 2

veulent la perſonne à l'accuſatif. ME PŪDET, *j'ai honte*, c'eſt-à-dire, PUDOR TENET ME, *la honte me tient.* ME PŒNITET, *je me repens,* c'eſt-à-dire, PŒNITENTIA TENET ME, *le repentir me tient*, &c.

DE L'ADVERBE.

D. *Qu'eſt-ce que l'Adverbe ?*

R. L'adverbe eſt un mot indéclinable qui étant joint à un verbe, marque *de quelle maniere*, ou *dans quelle circonſtance* un choſe eſt, ou ſe fait. EGREGIĖ doctus, TRÈS ſavant. HODIĖ audit, AUJOURD'HUI, il écoute.

Beaucoup d'adverbes ont les trois degrés de comparaiſon. En français *plus* eſt toujours la marque du comparatif; *le plus, très, bien, fort*, indiquent le ſuperlatif. Les adverbes latins ont leur comparatif en *iùs* & leur ſuperlatif en *ſſimè, rimè* & *limè*, ſelon que les adjectifs dont ils ſont formés, ſont eux-mêmes leur ſuperlatif. SANCTIUS, *plus ſaintement*; SANCTISSIMĖ, *très-ſaintement*; PULCHERRIMĖ, *de la manière la plus belle*; HUMILLIMĖ, *fort humblement.*

DE LA PRÉPOSITION.

D. *Qu'eſt-ce que la Prépoſition ?*

R. C'eſt un mot indéclinable qui ſe met devant les noms, pour marquer le rapport qu'ils ont avec d'autres. *le livre* DE *Pierre*: DE marque le rapport qu'il y a entre *le livre*

& *Pierre. Je fuis* CHEZ *Paul ,* CHEZ marque le rapport qu'il y a entre *moi* & *Paul.*

Les prépofitions latines gouvernent l'accufatif ou l'ablatif, c'eſt-à-dire, que parmi les prépofitions latines , les unes veulent le mot qui les fuit à l'ablatif , les autres le veulent à l'accufatif.

DE LA CONJONCTION.

D. *Qu'eſt-ce que la Conjonction?*

R. C'eſt un mot indéclinable qui fert à joindre les mots & les phrafes. *J'aime mon pere* ET *ma mere ,* PARCE QU'*ils me font du bien.* ET unit deux mots ; PARCEQUE unit deux phrafes. Ce font deux conjonctions.

DE L'INTERJECTION.

D. *Qu'eſt-ce que l'interjection?*

R. C'eſt un mot indéclinable jetté au milieu du difcours , & qui exprime quelque fentiment. *Mon ami ,* HÉLAS *! vient de périr.* Sans le mot HÉLAS , la phrafe ne rendroit point mon fentiment de regret & de douleur.

SYNTAXE.

D. *Qu'est-ce que la syntaxe ?*

R. La syntaxe est un art ou une collection de regles , qui montre comment les mots dans le discours dépendent les uns des au-autres , c'est-à-dire , comment ils se gouvernent les uns les autres.

D. *Comment un mot en gouverne-t-il un autre ?*

R. Un mot gouverne un autre mot , lorsqu'il le veut , à tel cas ou à tel mode particulier.

D. *Il n'y a donc que les noms & les verbes qui soient gouvernés par d'autres mots ?*

R. Non. Il n'y a que ces deux fortes de mots qui dépendent des autres. *L'adjectif* dépend du *substantif*; les *substantifs* dépendent ou d'un autre substantif, ou d'une préposition, ou d'un verbe. Le *verbe* dépend de son nominatif, d'un autre verbe, ou d'une conjonction.

DEUS SANCTUS.

D. *Qu'enseigne cette Regle ?*

R. Que tout adjectif, soit nom, soit pronom, soit participe , s'accorde avec son substantif en genre , en nombre & en cas ; c'est-à-dire , doit être au même genre , au même cas & au même nombre que son substantif.

D. *Donnez-en des exemples.*

R. Les muſes INSTRUITES, *muſæ* DOCTÆ. J'ai averti MA ſœur, *monui ſororem* MEAM. Il eſt tombé d'un arbre fort HAUT, *cecidit de arbore* ALTISSIMA.

D. *Quand un adjeƐif eſt ſans ſubſtantif, de quel genre le met-on?*

R. Quand on ſous-entend *homme*, on met l'adjeƐif au maſculin. *Exemple.* Un ÉTRANGER, *EXTERNUS*; CHACUN, *QUIS-que*, ſous-entendu *homo*.

Si on ſous-entend le mot *choſe*, l'adjeƐif ſe met au neutre. *Exemple.* L'utile & l'agréable; *UTILE & DULCE*, ſous-entendu *negotium*. On voit que cette ſeconde regle n'eſt que pour la langue latine, puiſque les Français n'ont pas de neutre.

Des *Pronoms perſonnels & qui* paroiſſent ſouvent ne pas s'accorder en cas avec leur ſubſtantif. *Exemple.* J'aime Pierre; il eſt homme de bien, *Petrum amo*; ILLE *eſt vir probus*. Le Maître que j'ai écouté; *Magiſter* QUEM *audivi*. Mais on ſous-entend le ſubſtantif au même cas que le pronom. C'eſt comme s'il y avoit: *ille Petrus*, &c. *Magiſter quem Magiſtrum*, &c.

Ludovicus REX.

D. *Un ſubſtantif ne tient-il pas quelquefois la place d'un adjeƐif?*

R. Oui. Un ſubſtantif marque quelquefois la qualité d'un autre, & alors il ſuit la regle des adjeƐifs, & s'accorde avec lui. *Exemple.* Louis Roi, *Ludovicus* REX.

Urbs Roma.

Si *de* ou *du* placés entre deux noms, peuvent

ſe tourner par *appellé* , ou *qui eſt* , l'un eſt toujours adjeſtif de l'autre , & ſuit ordinairement la regle des adjeſtifs. *Exemple.* La ville *de* Rome , c'eſt-à-dire , la ville *appellée* ou *qui eſt* Rome , *urbs Roma.* Ce fou *d'A*lexandre , *ſtultus iſte Alexander.*

Deus EST *ÆTERNUS.*

D. *Expliquez cette regle.*

R. Par une ſuite de la précédente , quand le verbe *étre* , le verbe *être appellé* & tout verbe paſſif ou neutre , ſe trouve entre deux noms dont l'un eſt adjeſtif de l'autre , les deux noms ſe mettent au même cas. *Exemple.* Dieu EST ÉTERNEL , *Deus* EST *ÆTERNUS.* Je MARCHE SEUL , *ego AMBULO SOLUS.* Pompée EST SURNOMMÉ LE GRAND , *Pompeius VOCATUR MAGNUS.*

Fratrer & *ſoror virtute PRÆDITI.*

Virtus & *vitium CONTRARIA.*

D. *Quand il y a pluſieurs ſubſtantifs unis par des conjonſtions & de genres différens , quelle regle ſuivent les adjeſtifs ?*

R. Si les ſubſtantifs ſignifient des choſes animées , ordinairement l'adjeſtif s'accorde avec le plus noble genre , & ſe met au pluriel.

D. *Quel eſt le genre le plus noble ?*

R. C'eſt le maſculin ; le féminin eſt plus noble que le neutre. Ainſi on dira : Le frère & la ſœur ſont VERTUEUX , *frater & ſoror ſunt virtute PRÆDITI.* Lucrèce & ſa ſervante ont été INTACTES , *Lucretia & mancipium INTEGRÆ uerunt.*

D. *Si les subſtantifs ne ſignifient pas des choſes animées, que fait-on ?*

R. Ordinairement on met l'adjectif au neutre & au pluriel, en ſous-entendant *negotia.* *Exemple.* La vertu & le vice ſont CONTRAIRES, *virtus & vitium ſunt* CONTRARIA. On voit que cette dernière regle n'eſt que pour la langue latine.

DU NOMINATIF.

D. *A quoi ſert le nominatif ?*

R. Le nominatif nomme, avec un verbe actif, la perſonne ou la choſe qui fait l'action; avec un verbe paſſif, celle qui la reçoit; avec un verbe neutre, celle qui eſt dans un certain état. Un nominatif n'eſt jamais ſans verbe exprimé ou ſous-entendu.

D. *Quand reconnoît-on qu'un Nom doit être au nominatif ?*

R. Lorſqu'en mettant, *qui eſt-ce qui* avant le verbe, ce nom ſert de réponſe. *Ex.* j'écoute. *Qui eſt-ce qui* écoute ? JE OU MOI. *EGO audio.* Ordinairement en latin on ſous-entend les pronoms perſonnels au nominatif.

MENTIRI ſcelus eſt.

D. *L'Infinitif ne tient-il pas quelquefois lieu du nominatif ?*

R. Oui. L'Infinitif, (comme nous l'avons dit page 21), marque ſeulement l'action ou l'état en général; ainſi c'eſt un nom ſubſtantif qui eſt neutre. *Exemple.* MENTIR eſt un crime, c'eſt comme s'il y avoit : le MENSONGE eſt un crime. *MENTIRI ſcelus eſt.* Votre SAVOIR n'eſt rien, *SCIRE TUUM nihil eſt.*

DU GÉNITIF.

D. *Pourquoi emploie-t-on le Génitif ?*

R. On emploie le génitif pour montrer qu'une choſe tient, appartient à une autre. On le rend en français par DE, DU, DES. Il eſt toujours gouverné par un nom.

D. *Quand reconnoît-on qu'un nom doit être au génitif ?*

R. Lorſqu'en mettant *de qui* ou *de quoi* après le premier nom, le ſecond ſert de réponſe. *Exemple.* Le livre DE PIERRE ; le livre *de qui ?* DE PIERRE. *liber PETRI.* Le champ DE BATAILLE. Le champ *de quoi ?* DE BATAILLE. *Locus PRŒLII.* Homme D'UN BON NATUREL, *homo BONÆ INDOLIS.*

Quelques Adverbes gouvernent auſſi le génitif parce qu'ils ſont pris pour des ſubſtantifs. *Beaucoup, peu* DE VIN ; *multum, parum VINI.* C'eſt comme s'il y avoit *une grande, une petite quantité* de vin.

Plenus Aquæ.

D. *Les adjectifs gouvernent-ils auſſi le génitif ?*

R. Oui. Pourvu que le DE français, marque que le nom ſuivant tient, appartient à l'adjectif. *Exemple.* PLEIN d'eau. PLEIN *de quoi ?* D'EAU. *Plenus AQUÆ.* LE PLUS SÇAVANT des hommes, *doctiſſimus HOMINUM.*

Cupidus VIDENDI.

Nous avons vu (*page* 25) que les gérondifs fervoient en quelque forte de cas à l'infinitif; fi l'infinitif eft le nom qu'on doit mettre au génitif, on emploie le gérondif en *di. Exemple.* Defireux DE VOIR. *Cupidus VIDENDI.* Le temps D'ÉTUDIER. *Tempus STUDENDI.*

Pænitet me *hujus facti.*

D. *N'y a-t-il pas des Verbes qui gouvernent le génitif?*

R. Non. Ainfi dans l'exemple ci-deffus, il faut remarquer que les Latins au lieu de dire, je me repens, difoient le repentir me tient. (*V. page* 67) de même au lieu de dire, je me repens de cette action, ils difoient: le repentir DE CETTE ACTION me tient. DE CETTE ACTION fe met au génitif, gouverné par *pænitentia. Pænitet me HUJUS FACTI.* Il en eft de même des autres verbes qu'on trouve avec *pænitet.*

Regis eft tueri populos.

D. *Cependant plufieurs Verbes veulent avec eux le génitif?*

R. C'eft toujours parce qu'il y a un nom fous-entendu. Nous difons: Il eft D'UN ROI de défendre fes peuples. C'eft comme s'il y avoit; défendre fes peuples eft LE DEVOIR D'UN ROI. DEVOIR eft fous-entendu. *REGIS eft tueri populos,* fous-entendu *OFFICIUM.* Je fuis DE CET AVIS. c. a. d. je fuis UN HOMME DE CET AVIS. *Sum EJUS OPINIONIS.* Sous-entendu *homo.* On rendroit de même, *C'EST AU ROI* de défendre fes peuples.

Rei-publicæ intereſt ou *refert.*

Nous diſons, il importe à la république : mais les Latins diſoient : il importe DANS L'AFFAIRE de la république, & ils ſous-entendoient DANS L'AFFAIRE. *REIPUBLICÆ intereſt* ou *refert* ; ſous-entendu *IN RE.*

Minoris emiſti.

D. *Pourquoi avec les Verbes de prix & d'eſtime change-t-on l'Adverbe en adjectif, qu'on met au génitif ?*

R. C'eſt que les Latins ſous-entendent à cet adjectif, un ſubſtantif gouverné par un autre ſubſtantif qui eſt auſſi ſous-entendu. *Exemple.* Vous avez acheté *moins cher.* Les Latins diſoient : vous avez acheté POUR LE PRIX D'UN ARGENT MOINDRE ; & ils ſous-entendoient POUR LE PRIX D'UN ARGENT. *MINORIS emiſti.* Sous-entendu *PRO PRETIO ÆRIS.* COMBIEN faites-vous cela ? c. a. d. COMBIEN eſtimez-vous cela ? *QUANTI hoc facis ?* c'eſt comme s'il y avoit *PRO PRETIO QUANTI ÆRIS hoc facis ?*

Memini malorum meorum.

Après les verbes OUBLIER, SE RESSOUVENIR, les Latins mettent ſouvent un génitif, parce qu'ils leurs donnent la ſignification D'OUBLIER LA MÉMOIRE, de RAPPELLER LE SOUVENIR. *Exemple. Memini, obliviſcor MALORUM MEORUM.* Sous-entendu *memoriam.*

Infimulare furti.

Après les verbes ACCUSER, CONDAMNER, AVERTIR, on trouve fouvent en latin un génitif. C'eft qu'on fous-entend *DE CAUSA*, SUR LE SUJET. *Exemple.* ACCUSER quelqu'un d'un vol, ou SUR LE SUJET d'un vol. *Infimulare aliquem FURTI*, fous-entendu *DE CAUSA*. AVERTIR d'un danger, *admonere PERICULI*, fous-entendu *DE CAUSA*.

Habitat ROMÆ.

Les noms de Villes ou de petits lieux qui fervent de réponfe à cette queftion, *où eft-il? où refte-t-il?* Ces noms, dis-je, fe mettent ordinairement au génitif, lorfqu'ils font de la première ou de la feconde déclinaifon, & au fingulier. On fous-entend *IN LOCO, IN URBE.* Il demeure A ROME, *Habitat ROMÆ.* Sous-entendu *IN URBE.* Alors le mot *domus* fe met au génitif en *i.* Je dînerai A LA MAISON. *DOMI prandebo,* comme qui diroit : *IN LOCO DOMI*, DANS LE LIEU de ma maifon.

DU DATIF.

D. *Que marque le Datif?*

R. Le datif marque la perfonne à qui on donne, on attribue une chofe. Les mots françois A, AU, AUX & POUR, lorfqu'ils marquent donation ou attribution, tiennent lieu de datif.

D. *Quand reconnoît-on qu'un nom doit être au* ❦ *datif ?*

R. On le reconnoît lorfqu'il répond à ces queftions ; *à qui, à quoi, pour qui ? Exemple.* Je donne AUX PAUVRES. Je donne *à qui ?* AUX PAUVRES. *Do* PAUPERIBUS. J'ai dit A MON PERE , *dixi* PATRI MEO. utile AUX HOMMES, *utile* HOMINIBUS. Je demande POUR VOUS , *peto* TIBI.

Mirabile V I S U.

D. *Quand le mot qui fuit* à *, eft un infinitif, comment l'exprime-t-on ?*

R. Si l'infinitif eft fans régime, c'eft-à-dire, fans cas, & s'il a la fignification paffive, on le rend par le fupin en *u* qui eft un vrai datif. (*V. p.* 25.) *Exemple.* Admirable A VOIR, c'eft-à-dire, A ÊTRE VU. *Mirabile* VISU. S'il a régime, & fignification active. (*V. p.* 81.)

Studeo leƈtioni.

D. *Pourquoi plufieurs verbes qui ne marquent ni donation, ni attribution, gouvernent - ils le datif ?*

R. C'eft que les Latins leur donnoient une fignification compofée. Ils entendoient par *ftudeo* LECTIONI, je donne *mon étude à* MA LEÇON ; *opitulor* MISERO, je porte *du fecours* AU MISÉRABLE. *Irafcor* FRATRI , je montre *de la colère* A MON FRERE. Mais les Français difent ; j'étudie ma leçon ; je fecours le miférable ; je m'irrite contre mon frère.

DE L'ACCUSATIF.

D. *Que marque l'Accusatif?*

R· L'accusatif marque où se porte l'action désignée par le verbe. Il est gouverné, ou par le verbe même, ou par une préposition exprimée ou sous-entendue.

D. *Quand reconnoît-on qu'un nom doit être à l'accusatif en latin?*

R. Quand il répond à la question : *quoi?*

ACCUSATIF *gouverné par les verbes.*

D. *Quels sont les verbes qui gouvernent l'accusatif?*

R. Tous les verbes actifs, & les déponents qui ont la signification active. *Exemple.* J'instruis LES ENFANS; j'instruis *quoi?* LES ENFANS. *Doceo PUEROS.* La gloire QUE j'acquiers. *Gloria QUAM adipiscor.*

ACCUSATIF *gouverné par une préposition.*

D. *N'y a-t-il pas des verbes qui gouvernent deux accusatifs à la fois, celui de la personne & celui de la chose?*

R. Non; l'un est toujours gouverné par le verbe, & l'autre par une préposition. *Ex.* J'enseigne aux enfants la grammaire. Les Latins tournent ainsi : j'instruis LES ENFANS selon LA GRAMMAIRE *Doceo, erudio PUEROS GRAMMATICAM;* *secundum* est sous-entendu avant *grammaticam.* Il en est de même de plusieurs autres que l'usage apprendra.

D. *Y a-t-il en latin beaucoup de prépositions qui gouvernent l'accusatif?*

R. Il y en a trente. Celles qu'on a le plus befoin de connoître parce qu'elles font le plus fouvent, ou exprimées, ou fous-entendues, font *ad*, *in*, *per*. Elles traduifent les prépofitions françaifes A, EN OU DANS & PAR, toutes les fois que celles-ci marquent du mouvement & une tendance vers quelque chofe. *Exemple.* Porté A LA COLERE, *pronus AD IRAM.* Exhorter AU TRAVAIL, *hortari AD LABOREM.* Il court PAR MONTS & PAR VAUX ; *PER MONTES & VALLES currit.* Tu iras EN AFRIQUE, *IN AFRICAM ibis.*

C'eft une regle affez générale, qu'avant les noms de villes & de petits lieux on retranche la prépofition. De même que devant *RUS*, la campagne, & *DOMUM*, la maifon, lorfqu'il eft fans adjectif & fans régime.

Quelquefois quand il s'agit de la durée d'une chofe ou d'une action, les Français & les Latins fuppriment la prépofition. *Exemple.* Il a vécu CENT ANS, c'eft-à-dire PENDANT CENT ANS. *Vixit CENTUM ANNOS*, fous-entendu *per.* Il y a trois ans QU'il règne ; c'eft-à-dire, trois ans font PENDANT QUE *ou* LESQUELS il règne. Les Latins tournent : il règne *PENDANT LA TROISIÈME ANNÉE. TERTIUM ANNUM regnat.* Sous-entendu *per.* (*V.* les particules de *Biftac*, p. 66).

Eo

Eo LUSUM, ou *AD LUDENDUM*.

Quelquefois entre deux verbes dont le premier marque du mouvement, & dont le
second est à l'infinitif, les François sous-
entendent la préposition. *Exemple.* Je vais,
je viens jouer ; c'est - à - dire, *pour* jouer.
Alors l'infinitif se change en supin actif, ou
en gérondif en *dum*, qui tous deux, comme
on a vu p. 25, sont de vrais accusatifs.
on met *ad* avec le gérondif, ce qu'on ne
fait pas avec le supin. *Eo, venio* LUSUM
ou *AD LUDENDUM*. Toutes les fois qu'il
faut AD avant un verbe, on emploie le gérondif. *Exemple.* prêt à rire. *paratus* AD
RIDENDUM.

Me puderet MENTIRI.

Quand les verbes *pudet, pænitet*, &c. ont un
verbe pour régime, ils ne suivent pas la
même regle que ci-dessus, p. 75 ; le verbe
se met en latin à l'infinitif : mais cet infinitif est censé un accusatif, gouverné par
propter sous-entendu. *Ex.* J'aurois honte DE
MENTIR, *puderet me* MENTIRI. Sous-entendu *propter*, pour mentir, à cause de mentir.

La préposition A, s'employe parmi nous en différens sens ;
elle signifie quelquefois DANS. *Exemple.* Je l'ai A la
maison. Quelquefois APRES. *Exemple.* J'y songerai A
mon arrivée. Tantôt AVEC. *Exemple.* Je l'ai fait A
dessein. Tantôt POUR. *Exemple.* Délicieux A manger.
D'autre fois EN. *Exemple.* Il passe son temps A lire.
On la rend en latin, suivant sa signification.

F.

DU VOCATIF.

D. A quoi sert le vocatif?

R. Il sert à appeller une personne. Rien ne le gouverne : il est indépendant de tout le discours ; quelquefois il est précédé de l'interjection ô en latin & en français. *Exemple.* MON AMI OU Ô MON AMI, aide moi, *AMICE MI* OU Ô *AMICE MI*, *adiuva me.*

DE L'ABLATIF

D. Pourquoi employe-t-on l'ablatif?

R. On employe l'ablatif pour marquer une séparation, une privation. Il est toujours gouverné par une préposition exprimée ou sous-entendue.

Cependant il ne faut pas croire que toutes les prépositions qui veulent l'ablatif, indiquent une séparation, ou une privation ; de même toutes celles qui veulent l'accusatif, ne marquent pas un mouvement & une tendance vers un objet. Souvent c'est l'usage seul qui leur a donné ce régime.

D. Comment peut-on reconnoître si un mot doit être à l'ablatif?

R. Les prépositions DE ou PAR, font la marque d'un ablatif. Un mot est à l'ablatif, lorsqu'il répond à la question *de qui, de quoi, par qui, par quoi.*

D. Mais de *est la marque du génitif &* par *celle de l'accusatif?*

R. Lorsque DE est la marque du génitif, il

indique une union entre deux chofes. *Comme* l'homme DES bois ; mais DE , quand il eſt la marque de l'ablatif, indique un éloignement. *Exemple.* A ma ſortie DU bois. ici *bois* doit être à l'ablatif. PAR marque l'accuſatif, s'il déſigne un paſſage, mais il marque l'ablatif, s'il indique la chofe d'où part une action. *Exemple.* J'ai été PAR Paris. Mon argent a été trouvé PAR un voyageur.

D. *Combien y a-t-il en latin de prépoſitions qui gouvernent l'ablatif?*

R. Il y en a ſeize. Celles qu'on a le plus beſoin de connoître, parce qu'elles ſont le plus ſouvent exprimées ou ſous-entendues, ſont *A* OU *AB*, *ABS*, DE OU PAR ; *DE*, *E* OU *EX*, DE; IN *ſans mouvement*, DANS ; & *CUM* , AVEC.

D. *Après un paſſif, la chofe d'où part l'action, doit donc être à l'ablatif.*

R. Oui. Devant une chofe animée, on met A ; & AB, ſi le nom commence par une voyelle ; devant une chofe inanimée, on ſous-entend la prépoſition. *Exemple.* Je ſuis aimé DE DIEU. *Amor* A DEO. Dieu eſt offenſé PAR LE PÉCHÉ. *Deus offenditur* PECCATO. On ſous-entend A.

Pluſieurs mots ont après eux l'ablatif, parce que les Latins leur donnoient la ſignification paſſive. *Exemple.* Plein DE VIN , *plenus* VINO, content DE SON PATRIMOINE , PATRIMONIO *contentus.* C'eſt comme s'ils euſſent dit , *rempli* DE VIN , *contenté* PAR SON PATRIMOINE.

Tous les noms & verbes qui marquent éloignement, exemption, délivrance, privation,

gouvernent l'ablatif avec A ou AB fous-enten-
du, ou exprimé. *Exemple.* Exempt DE LA
GUERRE : *imnunis* MILITIA. Dieu nous a
racheté DE LA MORT, *Deus redemit nos* MOR-
TE, OU A MORTE. J'ai befoin D'ARGENT,
egeo PECUNIA. Un lieu éloigné DE LA VILLE
DE DEUX CENTS PAS, *locus remotus* AB UR-
BE DUCENTIS PASSIBUS.

On pourroit mettre *ducentos paffus* en fous-entendant
fecundum, d'aprés la regle de l'accufatif.

Avec les verbes *recevoir*, *apprendre*, le nom
du lieu ou de la perfonne dont on reçoit,
ou dont on apprend, fe met à l'ablatif avec
A quand la chofe eft animée ; avec EX quand
elle ne l'eftpas. *Ex.* J'ai reçu, j'ai appris cette
nouvelle DE MON PERE, DE L'AMÉRIQUE ;
accepi, audivi A PATRE, EX AMERICA *nuntium.*

Comme on ne *demande* que pour *recevoir*, ou
pour *apprendre*, la perfonne à qui on demande fe met à l'ablatif avec A. *Exemple.*
Nous demandons A NOTRE GÉNÉRAL. AB
IMPERATORE NOSTRO *petimus.* Il en eft de
même *d'exiger*, &c. *Exemple.* J'exige DE
VOUS. *Exigo* A TE.

Le lieu d'où l'on vient, l'exercice d'où l'on
fort, fe met auffi à l'ablatif. *Exemple.* Je reviens DE L'ITALIE, DE LA CHASSE, *redeo*
AB ITALIA, A VENATIONE.

Les noms de ville & de petits lieux, s'em-
ploient toujôurs fans prépofition, ainfi que *rus*
& *domus*, quand ils n'ont ni adjectif, nirégime.
Redeo AB AMBULANDO.

D. *Quand le mot qui marque l'exercice ou l'action
eft un infinitif, comment le rend-on ?*

R. Par le Gérondif en DO qui eſt un ablatif.
(*V. p. 25.*) *Exemple.* Je reviens DE ME
PROMENER. *Redeo* AB AMBULANDO. Les gérondifs gouvernent le même cas que le verbe
dont ils ſont formés, comme le participe.

D. *Ne doit-on pas mettre à l'ablatif les noms
qui marquent la matière d'une choſe, les cau-
ſes qui lui ont donné lieu, & l'inſtrument avec
lequel elle s'eſt faite ?*

R. Oui, parce que le nom de la matière marque d'où une choſe a été tirée ; la cauſe &
l'inſtrument marquent d'où part l'action.
Exemple. Statue DE MARBRE. *Statua* EX MAR-
MORE. Il eſt mort DE MALADIE. *Periit* MOR-
BO, ſous-entendu EX. Frapper DE L'ÉPÉE,
ſous-entendez EX ou CUM. *Ferire* ENSE.

Les Latins ſous-entendent CUM devant le nom
qui marque la manière dont une choſe ſe
fait, & ce nom par conſéquent ſe met à l'a-
blatif. Marcher A PAS LENTS, LENTIS PAS-
SIBUS *procedere.* C'eſt comme s'il y avoit,
CUM LENTIS PASSIBUS.

BEAUCOUP PLUS.

On prend ſouvent pour adverbes des mots qui
ſont de vrais ablatifs du nom de la manière.
NIHIL o-minus, pas moins en rien, néant-
moins. MULTO *major*, BEAUCOUP PLUS
grand, c'eſt-à-dire, MULTO MAJOR MODO,
plus grand, *d'une grande manière.* On tourne
ainſi pluſieurs adverbes devant les comparatifs.

D'AUTANT PLUS QUE; PLUS RÉPÉTÉ.

Ces deux phrafes, QUO *doctior*, *eo doctior eft*: *quanto doctior*, *tanto modeftior*, qui rendent l'une & l'autre ces deux tournures françaifes; IL EST D'AUTANT PLUS MODESTE, QU'il eft PLUS SAVANT ; PLUS il eft SAVANT, PLUS il eft MODESTE. Ces deux phrafes doivent s'expliquer mot-à-mot ainfi. Il eft *plus modefte de cette manière* DE LAQUELLE il eft PLUS SAVANT, comme s'il y avoit; EO MODO MODESTIOR, QUOMODO eft DOCTIOR : Il eft PLUS MODESTE D'UNE AUSSI GRANDE MANIERE, QU'il eft PLUS SAVANT D'UNE GRANDE MANIERE. Comme s'il y avoit, TANTO MODO MODESTIOR, QUANTO MODO DOCTIOR.

Tantus fe met pour *tàm magnus*, & *quantus* pour *quàm magnus*, ce qui équivaut à cette phrafe : *eft* TAM MAGNO MODO *modeftior*, QUAM *eft doctior* MAGNO MODO.

Noms de mefure, &c.

Les noms de mefure fe mettent à l'ablatif, en fous-entendant E X. *Comme* homme grand DE SIX PIEDS. *Homo altus* SEX PEDIBUS.

On pourroit dire auffi *fex pedes* à l'accufatif, & fous-entendre *fecundum*, d'après la regle de l'accufatif.

Les noms qui marquent quelque qualité, fe mettent fouvent à l'ablatif, ainfi que ceux qui marquent quelque avantage ou défavantage. *Exemple*. Enfant D'UN BON NATUREL, *puer* BONA INDOLE; fous-entendu CUM.

(*V. page* 74 *Une autre manière de le rendre.*) Digne DE LOUANGES ET DE REPROCHES, *dignus* LAUDIBUS ET VITUPERIIS, ſous-entendu DE. (*V. encore p.* 74.) Jouir D'UNE GRANDE RÉPUTATION. *Frui* MAGNA FAMA. Sous-entendu DE. Abonder EN RICHESSES ; *abundare, affluere* DIVITIIS ; ſous-entendu IN.

Les verbes *avertir, accuſer, condamner,* &c. en latin, veulent après eux l'ablatif, en ſous-entendant DE. Avertir, accuſer quelqu'un D'UN VOL, FURTO *aliquem accuſare, admonere.* (*V. page* 77.)

Si un nom répond à cette queſtion : *quand cela ſe paſſe-t-il ?* il ſe met à l'ablatif en ſous-entendant IN. Il viendra DIMANCHE, *veniet* DOMINICA DIE.

Si le mot répond à la queſtion : *où reſte-t-il ?* on le rend par l'ablatif, avec IN ou ſans IN. Il eſt EN BOURGOGNE, *eſt* IN BURGUNDIA. Il demeure A ATHENES, *habitat* ATHENIS. (*V. page* 77.)

Le nom qui marque le prix & la valeur d'une choſe, ſe met à l'ablatif en ſous-entendant PRO : cela me coute DIX ÉCUS ; *hoc conſtat mihi* DECEM NUMMIS. Mot-à-mot le latin veut dire ; *cela reſte à moi* POUR DIX ÉCUS. (*V. p.* 76.)

Doctior Paulo.

Après les comparatifs, les Latins quelquefois n'expriment pas la conjonction QUE qui précéde le ſecond nom, & ils le mettent à

l'ablatif. *Exemple.* Pierre eſt PLUS SAVANT
QUE PAUL. *Petrus* DOCTIOR *eſt* PAULO. On
ſous-entend PRÆ, & cette phraſe ſignifie
proprement, *Pierre eſt* PLUS SAVANT, EN
COMPARAISON DE *Paul.*

En français nous voyons quelquefois des membres de phraſes qui n'ont point de verbes,
& où l'on ne trouve qu'un ſubſtantif accompagné d'un participe. *Comme* LOUIS XVI.
REGNANT, la ſervitude a été abolie. En
latin on met alors le ſubſtantif & le participe à l'ablatif, en ſous-entendant une prépoſition. *Servitus deleta eſt* LUDOVICO DE-
CIMO SEXTO REGNANTE. ſous-entendu SOUS,
ſub. ABEL AYANT ÉTÉ TUÉ, Cain ſe cacha.
ABELO OCCISO, *Cainus ſe abſcondit.* C'eſt
comme s'il y avoit : EX ABELO OCCISO,
DEPUIS ABEL TUÉ.

La prépoſition DE s'emploie parmi nous en différens ſens.
Elle ſignifie tantôt VERS. Approchez-vous DU feu. Tantôt
AVEC, ſaluer DE la main. Quelquefois PAR : DE grace
épargnez-le. Souvent DEPUIS : de Paris à Verſailles on
compte quatre lieues. On la rend ſuivant ſa ſignification.

Les mots précédés de la prépoſition française DE, ſont ſouvent rendus par un nominatif ou un accuſatif latin, &c.
parce que, en français il y a quelque choſe de ſous-
entendue, qu'on ne ſous-entend pas chez les Latins.
Exemple. DES *hommes* penſent, c'eſt à dire *une partie des
hommes* penſe. Les Latins mettent ſimplement, LES
HOMMES OU QUELQUES-UNS, *homines* ou *quidam putant.*
Donnez-moi du pain, c'eſt-à-dire, une *partie du pain.* Les
Latins diſent DONNEZ MOI LE PAIN, DA MIHI PANEM.

On voit que les cas ſont des terminaiſons
qui montrent le rapport des noms, & qui

dispensoient les Latins d'employer des prépositions.

DU VERBE.

D. *De quoi dépendent les verbes ?*

R. Un verbe dépend de son nominatif. Il peut
dépendre d'un autre verbe ; lorsqu'il dépend d'une conjonction, il est encore gouverné par le nominatif.

D. *Comment un verbe dépend-il du nominatif ?*

R. En ce qu'il se met au même nombre &
à la même personne que son nominatif.

D. *Comment reconnoît-on le verbe dépendant
du nominatif ?*

R. On le reconnoît ordinairement au premier
coup d'œil. Mais on peut encore avant le
nominatif se faire les questions : *en quel
état est ? que fait ?* & le verbe cherché y
répondra. *Exemple.* LE JUSTE AIME Dieu.
que fait LE JUSTE ? IL AIME Dieu. *Justus*
AMAT DEUM. JE SOUFFRE. *Dans quel etat
suis-JE ?* JE SOUFFRE. *Ego* PATIOR OU PATIOR.
PIERRE ET JEAN ÉTUDIENT, *Petrus & Joannes*
STUDENT. On a déja vu que deux singuliers
valent un plurier. (*v. p.* 72.)

D. *Si les nominatifs sont chacun à des personnes différentes, avec laquelle s'accorde le
verbe ?*

R. En français & en latin, on le fait accorder avec la personne la plus noble.

D. *Quelle eſt la perſonne la plus noble?*

R. C'eſt la premiere. La ſeconde l'eſt plus que la troiſième. *Exemple.* VOUS & votre père VOUS VOULEZ, TU *paterque* VULTIS. Pierre VOUS & MOI ÉTUDIONS, EGO *tu* & *Petrus* STUDEMUS.

Quelquefois dans un membre de phraſe fran- çaiſe, le verbe eſt ſous-entendu, de manière qu'on ne voit pas d'abord, ſi le nom eſt nominatif ou accuſatif. Il faut ſe faire la queſtion de l'accuſatif, (*p.* 79.) & celle du verbe. Alors on voit quelle eſt la meilleure réponſe. *Exemple.* Je VOUS aime mieux que PAUL, c'eſt-à-dire que PAUL VOUS aime, ou que J'aime Paul.

D. *Comment un verbe gouverne-t-il un autre?*

R. Quand un verbe français qui ne marque pas de mouvement, eſt ſuivi d'un infini- tif, ſans prépoſition, ou avec une prépo- ſition qu'on ne puiſſe pas tourner par *que*, il veut auſſi en latin un infinitif après lui. *Exemple.* Je VEUX LIRE, VOLO LEGERE. Il ne CESSE DE RIRE, *non* CESSAT RIDERE. Il AIME A JOUER. AMAT LUDERE.

Incipit me Pænitere.

Quand *ſe repentir* & les quatre verbes qui ſe trouvent *p.* 67, ſont à l'infinitif pré- cédés d'un autre verbe, celui-ci ſe met toujours en latin à la troiſième perſonne du ſingulier. *Exemple.* JE COMMENCE A me re- pentir, INCIPIT *me pænitére.* Il faut ſe rappeller la ſignification de ces verbes. C'eſt comme s'il y avoit, *pœnitentia* INCIPIT *me* TENERE.

_____

Q U E.

D. *Comment les verbes dépendent-ils des conjonctions?*

R. Par les modes. fi les deux verbes font féparés par la conjonction QUE, ou par une prépofition qui en ait la fignification, cette conjonction ou cette prépofition fe rend en latin affez fouvent par UT, fur-tout fi le premier verbe marque *doute, crainte, defir* ou ordre, & le fecond fe met au fubjonctif. *Exemple.* Je vous prie DE M'AIDER, *rogo te* UT ME ADJUVES. prenez garde QU'IL FASSE cela. *Cave* NE HOC FACIAT.

Ne s'emploie pour *ut non* (V. les particules de Biftac, p. 14 &c.)

Mais le plus fouvent les Latins n'expriment pas le QUE. Alors on met le verbe à l'infinitif, & le nominatif français fe change en en accufatif. Nous avons quelquefois cette tournure dans notre langue. *Exemple.* J'admire Socrate *lequel* on croyoit *avoir été* le plus fage des Payens. Voyez ce foleil *lequel* on dit *être* éloigné de nous de quarante millions de lieues. Je l'ai vu *fortir.* Quelquefois les Latins tournent cette phrafe par le participe : Ainfi ils difent *vidi eum egredientem*, mais il n'y a jamais grand inconvénient à mettre l'infinitif. *Ex.* Je crois qu'il vit : c'eſt-à-dire, je crois lui vivre, *crédo illum vivere.* Je dis que, tout homme eſt menteur. *Dico quemque hominem eſſe mendacem.* (Voyez les particules. p. 3.)

Que dans les phraſes où il s'agit de quantité ſe rend par QUAM & quelquefois par QUANTUM. *Exemple.* Il eſt *plus* ſavant que VOUS. *Doctior eſt* QUAM *tu.* Nous défendons *plus* tôt un ami QU'un voiſin. *Amicum potiùs defendimus* QUAM *vicinum.* QUE je l'aime ! c'eſt-à-dire, *combien* je l'aime ! QUAM OU QUANTUM. *illum amo!* (Voyez les particules.) Ordinairement QUAM veut le même mode après, que devant.

S I.

La conjonction SI, lorſqu'elle marque une condition, ſe rend par SI, & peut avoir toujours après ſoi le ſubjonctif ; elle le veut ſur-tout lorſqu'elle eſt ſuivie d'un imparfait ou pluſque-parfait. *Exemple.* SI tu vois l'ennemi, *hoſtem* SI VIDEAS OU VIDES. SI tu avois vu, SI VIDISSES. Quand il marque un doute, il ſe rend par AN OU UTRUM, & veut toujours le ſubjonctif. *Exemple.* Je ne ſais ſi vous avez fait cela. *Neſcio* AN *hoc* FECERIS.

SI devant un adjectif ſe rend par ITA, TAM OU ADEO, & le que par UT. Le verbe ſuivant, à quelque mode qu'il ſoit en français, ſe met au ſubjonctif en latin. *Exemple.* Il eſt SI ſavant QUE tout le monde l'admire. ITA, TAM OU

ADEO *doctus eft* UT *eum omnes* MIRENTUR.
Il fut SI infolent QUE d'infulter fon Maître,
ADEO *impudens fuit* UT *Praeceptori* INSUL-
TARET.

LORSQUE

Ayant étudié, j'ai joué.

Nous avons vu (*p.* 24.) que les verbes actifs & neutres latins n'avoient point de participe paffé; pour rendre celui des Français
on le tourne par la conjonction LORSQUE,
avec le plufque parfait du fubjonctif, quand le
verbe eft au parfait. *Exemple.* Ayant étudié,
j'ai joué. C'eft-à-dire, LORSQUE j'eus étudié,
j'ai joué. CUM *ftuduiffem*, *lufi*. On rendroit
de même *après avoir*, étudié qui fignifie la
même chofe. Si le verbe fuivant étoit au
préfent, le participe fe tourneroit par LORS-
QUE avec le parfait; *ex.* ayant ou après avoir
étudié, je joue. CUM STUDUI, *ludo*. &c.

Changement d'Actif en Paffif, & de Paffif en Actif.

Les verbes qui ont un paffif en français, fouvent n'en ont point en latin. On ne peut
pas dire en latin, je fuis favorifé de Dieu.
Alors pour rendre ce paffif, on le change
en actif. Le cas du verbe paffif devient le
nominatif de l'actif, & le nominatif devient
le cas. Ainfi pour rendre: je fuis favorifé de

Dieu, on tourne par, Dieu me favorife.
DEUS FAVET MIHI.

Quelquefois afin d'éviter un double fens on change l'actif en paffif; du cas du verbe on fait le nominatif, & le nominatif de l'actif devient le cas du paffif. Dans cette phrafe: *Dico Petrum amare Paulum*, on ignore fi c'eft Pierre qui aime Paul, ou Paul qui aime Pierre. Pour éviter ce double fens, on mettra PETRUM AMARI A PAULO, *ou* PAULUM AMARI A PETRO, fuivant le fens.

DES PRONOMS.

En français on ne met prefque jamais après un nom fubftantif ces mots ; *de vous*, *de lui*, *de moi*; mais on y fubftitue les pronoms poffeffifs *votre*, *ton*, *mon* &c. Ainfi au lieu de dire: la maifon *de moi*, l'habit *de vous*, on dira MA maifon, VOTRE habit. Les Latins font de même, du moins pour les deux premières perfonnes.

Dans cette phrafe; c'eft à moi de faire cela, c'eft comme s'il y avoit le devoir *de moi* eft de faire cela (*V. p.* 75.) on fous-entend *devoir* & on rend *de moi* par MON : MEUM *eft hoc facere*; fous-entendu *officium*. MON *devoir eft de faire cela*.

Nous avons vu qu'on changeoit chez les Latins cette phrafe, il importe à la république, en celle-ci, il importe dans l'affaire de la république. S'il y avoit, il m'importe; cela voudroit dire, il importe dans l'affaire *de moi* ou dans MON affaire, MEA *refert* ou *intereſt*, ſous-entendu *in re*. (*V. p.* 76.)

Son, ſa, ſes, leur, &c.

Les pronoms poſſeſſifs ſont adjectifs d'un nom & pronoms d'un autre, (*v. p.* 17.) Par exemple, SON & SES ſont tous deux pronoms d'un nom ſingulier ; mais SON eſt en même temps adjectif d'un nom ſingulier, & SES d'un plurier. *Exemple.* Un chaſſeur à bien ſoin de SON cheval & de SES chiens. LEUR & LEURS ſont tous deux pronoms d'un nom plurier ; Mais LEUR eſt auſſi adjectif d'un nom ſingulier, & LEURS d'un plurier. Tous les hommes doivent obéir à LEUR père, & honorer LEURS ayeux. La queſtion *de qui* fait connoître le mot dont ils ſont pronoms. Ces quatre mot SON, SES, LEUR, LEURS, peuvent partout ſe rendre par SUUS, excepté dans les phraſes où ils cauſeroient un double ſens. On eſt convenu de les rendre alors par SUUS, quand ils ſont pronoms du nominatif de la phraſe principale, & par EJUS ou ILLORUM, quand ils ſont pronoms d'un autre mot. *Exemple.* Le père a ordonné au fils d'aller dans SA chambre. *Pater mandavit filio ut iret in cubiculum* SUUM, ſi c'eſt la chambre du père ; EJUS, ſi c'eſt celle du fils.

Soi ou lui.

Il en eſt de même des pronoms SOI ou LUI,

qu'on peut rendre toujours par *se*, excepté quand il y a double fens. *Exemple.* Elle craint que vous ne l'abandonniez, *timet ne deferas* SE. Pour éviter le double fens on rend par EUM *foi* ou *lui*, lorfqu'il n'eft pas pronom du nominatif.

Hoc fepulchrum inventum eft in Græciâ

Le pronom SE placé devant un verbe, ne s'exprime pas, s'il n'eft point pronom d'une chofe animée. Le verbe alors fe change en paffif. (*V. p.* 94.) *Exemple.* Ce tombeau s'eft trouvé dans la Grèce, c'eft-à-dire, *a été* trouvé dans la Grèce. *Hoc fepulchrum* INVENTUM EST *in Græciâ.* On fent que le tombeau n'a pas pu fe trouver lui même.

Deus protegit juftum & illi favet.

En français quand il y a dans une phrafe des verbes de différents régimes, on leur donne à chacun le fien, en ajoutant des pronoms. ainfi on ne diroit pas, les créatures doivent *aimer & rendre graces* Dieu, mais les créatures doivent aimer *Dieu & lui* rendre graces. les Latins font de même. *Exemple.* Dieu protège & favorife le jufte. *Deus protegit* JUSTUM *&* ILLI *favet.*

Porto meos libros & libros amici mei.

Quand le pronom CELUI, CELLE, &c. eft fuivi d'un DE qu'il faut rendre par le génitif, on met à fa place le mot dont il eft le pronom. *Exemple.* Je porte mes livres & CEUX

de

de mon ami. *porto meos libros &* LIBROS *amici mei.*

On *ou* l'on.

D. *Que signifient ces deux mots, on & l'on ?*

R. Ces mots signifient *homme* ou *l'homme.* ON ou L'ON croit; c. à. d. *homme* croit, ou *l'homme* croit.

D. *Comment les exprime-t-on en latin ?*

R. Les Latins au lieu de L'ON croit, disent : *les hommes* croient. Ils sous-entendent *homines* & ne mettent que CREDUNT; ils disent aussi dans le même sens, *une chose est crue.* Ils suppriment *une chose,* & mettent seulement *est crue,* CREDITUR. ON annonça que le Roi étoit venu ; c. à. d. *les hommes* annoncerent, ou *la chose fut annoncée,* savoir, le Roi être venu. NUNTIAVERUNT, sous-entendu *homines,* ou NUNTIATUM EST, sous-entendu *negotium, Regem venisse.*

En & y.

D. *Ces mots ne sont-ils pas des pronoms dans les phrases suivantes.* J'en parlerai, j'*y* aurai égard ?

R. Oûi. EN signifie DE LUI, D'EUX, D'ELLE &c. & se met au cas du verbe ou du nom dont il dépend. *Exemple.* Il est tombé beaucoup de neige : les fossés EN sont pleins, les toits EN sont surchargés, j'EN veux mesurer la profondeur. *multa nix cecidit;* ILLA *plenæ sunt fossæ,* ILLA *gravantur tecta,* ILLIUS *altitudinem metiri volo.*

Y signifie A LUI, A ELLE, A EUX &c. & se

G

met au cas gouverné par le verbe suivant. *Exemple.* Cette affaire me fera utile, j'y donnerai mes foins. *Res erit mihi utilis,* HUIC *operam dabo.*

DE L'INTERROGATION.

D. *Comment marque-t-on en latin l'interrogation?*

R. Lorfqu'il n'y a pas de *qui* interrogatif dans la phrafe, on la rend en latin par l'un de ces adverbes, AN, NUM, qu'on place au commencement, ou par NE, qui veut toujours avoir quelques mots devant lui. *Exemple.* avez-vous étudié votre leçon? AN ou NUM *ftuduifti,* ou bien *ftuduifti* NE *tuæ lectioni.* Quand il fe trouve une négation dans la phrafe on met *non-*NE. Avec le *qui* interrogatif on n'a rien à ajouter. Quelquefois fans qu'il y ait un *qui,* on n'ajoute rien.

Il y a interrogation en français quand les pronoms JE, VOUS, TU, NOUS, IL & ILS fuivent le verbe. *Dire* fait quelques exceptions.

DES ADVERBES
oui & non.

D. *Comment les Latins rendoient-ils* oui & non *lorfqu'ils fervent de réponfe?*

R. Ils ne l'exprimoient pas, mais ils répétoient le verbe précédent. *Exemple.* Voulez-vous venir avec moi? *vultis* NE *venire me cum?*

OUI, *VOLUMUS*. NON, *NOLUMUS*. Si l'interrogation tombe fur le nom, on répête le nom & le verbe. *Exemple.* Eſt-ce Pierre qui eſt venu? *Petrus* NE *eſt qui venit?* OUI. *PETRUS EST.* NON. *PETRUS non EST.*

Quand il n'y a qu'une négation dans le corps d'une phraſe françaiſe, aſſez ſouvent cette négation ne ſignifie rien. *Exemple.* J'ai ſouffert plus de douleurs que N'en cauſeroit la mort même; NE eſt inutile. Auſſi les français mettent ordinairement deux négations : NE PAS. Chez les Latins au contraire deux négations ne ſignifient rien, parce qu'on les fait tomber l'une ſur l'autre, & que ſe détruiſant réciproquement, elles laiſſent au verbe ſa ſignification. NECNON, *NON NUNQUAM*, valent l'un ET ; l'autre *UNQUAM*.

T R O P.

D. *Comment rend-on l'adverbe* TROP?

R. TROP ſe rend par un comparatif, après lequel on ſous-entend *præ æquo negotio. Ex.* Cet homme eſt TROP grand. *Hic homo ALTIOR eſt,* ſous-entendu *præ æquo negotio.* c. à. d. eſt, *plus* grand *en comparaiſon d'une choſe juſte,* de la juſtice; plus grand que de raiſon.

Si TROP eſt ſuivi de POUR accompagné d'un infinitif, il ſe rend toujours par le comparatif & le POUR par *QUAM UT,* le verbe ſe met au ſubjonctif; & voici ce qu'on ſous-entend. L'adjectif ou l'adverbe ont la ſignification feule du comparatif, mais on fuppofe que le premier verbe fe trouve répété au fubjonctif, entre QUAM & UT. Il eft TROP fage POUR caufer: *SAPIENTIOR eft QUAM UT GARRIAT*, c. à d. *SAPIENTIOR eft QUAM effet UT GARRIAT.* Il eft *plus fage qu'il ne * le feroit pour caufer.* Vous faites TROP bien cela POUR difcontinuer. *Hoc MELIUS facis QUAM UT CESSES.* C'eft comme s'il y avoit: *hoc MELIUS facis QUAM faceres UT CESSES.* Vous faites cela *mieux que vous ne le feriez pour difcontinuer.*

Quelquefois au lieu de *UT*, on met *QUI*; qu'on fait accorder avec le fubftantif. *Exemple.* Ma mere eft TROP prudente POUR avoir parlé ainfi. *PRUDENTIOR eft mater mea QUAM QUÆ fic LOCUTA SIT.* On fous-entend alors *UT* & une feconde fois le verbe au fubjonctif. C'eft comme s'il y avoit : *PRUDENTIOR eft mater mea QUAM effet UT effet QUÆ fic LOCUTA SIT; qu'elle ne le feroit pour être celle qui* &c.

C'eft de la même manière qu'on peut expliquer le *QUI* mis pour *UT* après *dignus. Exemple.* Digne D'être aimé, *dignus UT ametur*, ou *QUI ametur*, c. à d. *dignus UT fit QUI ametur. Digne D'être celui qui foit aimé.*

---

* Cette négation ne fignifie rien comme on l'a vu dans l'article précédent.

F

I

TABLE
DES MATIERES,
PAR ORDRE ALPHABÉTIQUE.

A

G 3

B

C

D

E

F

G

I

L

M

N

O

P

Q

T

V

www.ingramcontent.com/pod-product-compliance
Lightning Source LLC
Chambersburg PA
CBHW052121090426
42741CB00009B/1902